# 小心，别踩雷！

## 新任经理的十大挑战

文竹 著
褚辰钰 绘

上海交通大学出版社
SHANGHAI JIAO TONG UNIVERSITY PRESS

## 内容提要

　　本书是一本针对新任经理编写的指南。作者通过漫画的形式，将新任经理经常会遇到的 10 个挑战生动地展现在读者面前，以帮助他们成功度过管理生涯新手期。每个问题都经过了详尽的分析，作者 16 年的职场管理经验赋予了书中建议更高的实用性和可信度，让读者能够更好地掌握职场管理技能。与其他职场指南相比，这本书的优势在于其有趣的漫画形式，能够让读者更加轻松愉悦地理解和吸收其中的内容。本书适合正在面临职场挑战的新任经理、有机会被提拔的潜在经理、总是得不到上司认可的经理以及对下属经理不太满意的高层管理者阅读。

## 图书在版编目（CIP）数据

　　小心，别踩雷！：新任经理的十大挑战 / 文竹著；
褚辰钰绘. — 上海：上海交通大学出版社，2023.6
　　ISBN 978-7-313-28795-3

　　Ⅰ.①小… Ⅱ.①文… ②褚… Ⅲ.①企业管理–基本知识 Ⅳ.①F272

　　中国国家版本馆CIP数据核字（2023）第092048号

小心，别踩雷！——新任经理的十大挑战
XIAOXIN, BIE CAILEI! —— XINREN JINGLI DE SHIDA TIAOZHAN

| | | | |
|---|---|---|---|
| 著　　者：文　竹 | | 绘　　者：褚辰钰 | |
| 出版发行：上海交通大学出版社 | | 地　　址：上海市番禺路951号 | |
| 邮政编码：200030 | | 电　　话：021-64071208 | |
| 印　　制：上海文浩包装科技有限公司 | | 经　　销：全国新华书店 | |
| 开　　本：880mm×1230mm　1/32 | | 印　　张：10.125 | |
| 字　　数：200千字 | | | |
| 版　　次：2023年6月第1版 | | 印　　次：2023年6月第1次印刷 | |
| 书　　号：ISBN 978-7-313-28795-3 | | | |
| 定　　价：68.80元 | | | |

# 序

在管理学的教学中，我们教会本专业学生管理学的基本概念、原理和方法，帮助他们树立科学的管理理念，为日后的实际管理工作奠定理论基础。

现实中，很多管理者并没有机会系统地学习管理学，更多的是在实践中摸索形成自己的管理方式。在特定的环境下，这些实践经验更能服务于他们的管理目标，从而再影响到我们的管理研究和理论。这是管理这门学问的迭代升级。

文竹在上海交通大学就读 MBA 期间跟着我做企业高管课题的研究，从大量案例研究中总结出影响结果的重要因素，这个研究方法对她影响很大。所以，说到基层管理者所面临的入门挑战，文竹说要以过来人和研究者的身份做一个分享，通过故事讲经验总结。我很鼓励这个做法，也建议她用更轻松的方式来表达，比如漫画形式。很欣慰，她完成了！

这本书从新任管理者常会遇到的众多挑战中，选出了 10 个最基本也最关切的问题。从管理者思维的改变，到具体管理问题的挑战场景，在故事中探讨问题，带着读者一起思考，如同一场场共创工作坊。每一个问题都有总结的参考答案和工具方法的分享，对于新任管理者以及关心他们管理入门进展的上司们，相信都会很有启发。

做中学，学中做，不断实践、反思和总结，祝各位在管理岗位上的朋友们工作顺利！

井润田

井润田

上海交通大学安泰经济与管理学院管理学教授

# 前　　言

你好，我是文竹，很高兴在此见到你。作为一个过来人，想跟刚刚升任管理岗位的朋友们聊聊管理那些事儿。无须伏案久读，轻轻松松看故事，你就能完成从管理新手到入门的热身活动了。

我的整个职业生涯经历了8次晋升。从离开大学时青涩的知识青年，一路在职场饱受打磨，逐渐蜕变，慢慢成熟，直到离开职场后成了百感交集的管理咨询顾问。我的心得是，管理就是"说一套，做一套"。

别误会，我不是说管理是口是心非，而是想说管理的理论很美好，但很多实践操作又是另一套逻辑。为什么会有这么大的差异？大约是土壤、人性的影响吧。

在大型企业，如何从一线员工晋升到公司总经理？相信你身边就有这样的人物，你们公司的总经理可能当年就是从小员工做起的，这是一条职业经理人发展之路。很巧，我本人也这么亲身经历了一遍，所以，也算是个有管理故事的人，可以来聊聊了。

记得刚刚晋升成为管理者的时候，那就是一顿摸索，做着似乎跟其他经理类似的事情，却得到了不一样的结果，在管理过程中遇上了各种挫折。后来随着职位的上升，又发现手下的初级经理们也在遭遇跟我当年类似的问题。这才恍然大悟，原来，这不是我一个人的问题，而是常见的新手困境。然而，从更高的职位向下看的时候，我十分清楚，我是多么希望这些初级经理可以快点悟出道理，快速度过新手期。

管理大师彼得·德鲁克说过，管理不是科学，所以无法系数化、公式化，很多对管理的解释也经不住全面检查，总有失效的场景。这也是为什么管理无法像数学一样让人背公式、做运算了。虽然有大量的理论、书本和课程学习，但是受到公司文化、企业流程、方法实操性不强等各种客观因素的影响，很多人学习之后，记下了道理，却还是我行我素。为什么呢？因为有些关键指导还处于"只可意会，不可言传"的阶段，这就导致很多新手经理依旧不得要领。

从前的模式是"媳妇熬成婆"，慢慢熬着，生活的道理自然就明白了。而在这个追求高效的时代，让新手慢慢熬，就是在浪费成本了。那我们该如何加速呢？我的建议是：借鉴＋实践＋自我升华。借鉴，就是通过观察别人的经验，帮助自己注意到可能会出现问题的点，并且参考别人的解决方法；实践，就是参考别人的方法，用自己能驾驭的方式，实施管理活动；自我升华，就是不断复盘，总结经验，固化成自己的方法。关键就是：不能照葫芦画瓢，得提炼成自己的方法。

如果你同意，那么就请开始吧，我们书中见。

万事开头难，就怕没指南。祝你排除万难，更上一层楼！

# 使用说明

■ 这本书有什么特点？

**特点一：这是一本可以轻松阅读的漫画书。**

本书以漫画情节与管理分析文本相结合的形式，提供可轻松阅读的文体。随时随地，在忙碌的间隙，在任何你想利用时间充实自己的时候，都可以阅读。只需60分钟，你就能完成管理热身。

**特点二：这是一本可落地的小书。**

与其他严肃的管理书籍不同，本书中没有厚重的理论和宏大的案例，而是围绕新上任经理的常见问题，提供可以落地实践的参考管理方法，是一本实用小书。

**特点三：你可以找到作者。**

如果你有其他疑问或者更好的管理思路，也欢迎联系文竹，我们可以进一步沟通！欢迎给文竹写信：jendith@163.com。

**特点四：本书有配套音频。**

为了帮助读者更好地掌握书中内容，也为了满足读者的不同需求，配套音频《管理的秘密》已在喜马拉雅上线，对本书的内容做了进一步的讲解和补充。

■ 哪些人适合读这本书？

· 刚刚上任的新手经理。

· 有机会被提拔的潜在经理。

· 总是得不到上司认可的经理。

· 对下属经理不太满意的高层管理者。

# 目　录

> 群体的潜力总是大于个人的潜力。一起工作的人拥有无限的可能性，他们可以一起做一些比他们自己单独完成的更伟大的事情。
>
> 当你从独奏者转变为指挥家时，你必须面对一些现实。
>
> ——约翰·马克斯威尔（John C. Maxwell）
>
> （*Developing the Leaders around You*, 2017）

# 升职了！恭喜你！

## 徐磊（Andy Xu）

毕业于 985 大学，机械工程专业，硕士。

加入 BBA 公司 3 年，其中连续 2 年被评为"销售部优秀员工"。

2020 年 4 月，Andy 终于被提升到 BBA 公司的销售经理岗位，成为销售部华东组的经理。

**1**

# 升职了，挑战无处不在

终于接到了升职的任命，Andy 很高兴。明天就要以经理的身份，正式召开自己团队的第一次会议啦！

任命发言

"Andy 是我最近这几年遇到的最勤奋的年轻人之一。"

"我很放心，将华东销售组的管理工作交给 Andy，相信 Andy 可以将工作做得更好！"

"也请大家像过去支持我一样，支持 Andy 的工作！"

# 刘贺（Felix Liu）

Andy 的上司，BBA 公司销售部高级经理，负责 I 区的销售。BBA 公司销售一共分为 3 个区，从东到西排列。其中，I 区包括华东、华北和东北；II 区包括华南和华中；III 区包括西南和西北。Felix 做事沉稳，喜怒不形于色。

华东业务最早是由 Felix 直接管理的，由于这几年 I 区业务规模越做越大，Felix 逐渐无法兼顾细节，于是提拔了 Andy 来管理华东组。

功夫不负有心人，这话说得太对了！ Andy 热爱工作，几乎有点沉迷。如今得到了第一步的肯定。

　　明天是自己新官上任的第一天，Andy 上周五已经向全组人员发出了会议通知，也邀请了 Felix。

　　虽然夜已深，但 Andy 还在喜滋滋地忙碌着，连夜准备明天团队会议的资料……

　　明天的会上要说些什么呢？ Andy 已经想好了：

　　·他得知道每个人目前手头的工作细节；

　　·团队最近挺懒散的，Andy 设计了新的规则，他准备宣布一下；

　　·原来自己负责的业务，得重新分配。

　　总之，Andy 准备要大干一场了！

# 第一次由 Andy 主持召开的团队会议

定于 4 月 3 日（周一）9：30–10：30 召开。

与会者：Felix、Andy 以及 Andy 的团队（销售部华东组成员）。

Felix 因为前面会议拖延，没有准时出现，于是由 Andy 先开场。

"今天会议的第一个议题就是目前的工作情况交流。每个人都讲一讲上个月的工作总结吧。谁第一个讲？把 PPT 投影出来吧！"

Andy 在前天的会议通知中，已经提出用 PPT 做月报的要求了，这样比之前的口头报告更直观，分享效果更好。但是，此刻没人站出来回应 Andy……

顾不得探究原因了，反正已经通知过了，都该准备好了才对。于是 Andy 开始点名。

"Felix 开完会也会来参加的。这样吧，老黄，你最资深，你来带个头吧！上个月听说你搞定了南京电厂，不错啊！把你的 PPT 投影出来，跟大家分享一下经验吧！"

"Andy，哦，不，领导。南京电厂那个单子说来话长，三天三夜都讲不完，就不耽误大家的宝贵时间了。这几天呢，我正在忙镇江的案子，客户方案催得紧，来不及写工作 PPT 呀。要不我口头汇报一下吧……"

# 挑战无处不在

1. 新任经理布置的任务，员工当耳旁风？
2. "老油条"的不配合，说来就来？

没想到，这安排的第一个小任务，这些往日的同事就不配合了。以前Felix当领导的时候，他们不敢这样啊！人心叵测！

领导来了，要不要继续点名找人来报告呢？

## 挑战无处不在

3. 当着上司的面，与部下起争端，好不好？

4. 新官上任，该不该借用上司的力量？

经过短暂的思想斗争，习惯了在 Felix 面前表现良好的 Andy，不想让 Felix 失望，决定停止点名，讲自己的工作报告。

这下倒好，居然变成本经理给这群家伙汇报工作了，真是反了！唉！这群家伙太过分了！

俗话说得好，新官上任三把火！对于 Andy 来说，真正迫切想要解决的问题就是要收集部下的工作信息，以便于自己进一步规划。

所以，Andy 想着，趁着上司 Felix 也在场，干脆"狐假虎威"一把，宣布一下新的工作规定。

## 规定

1. 每天要写工作报告，很简单，每个人手机下载 CC 软件即可，里面有销售日报专用模板；

2. 每周一次例会，周一上午 9：00-11：00，大家都不能外出，得在公司的会议室见面开会；

3. 每月要写工作总结，写在 PPT 中，内容格式就像我刚才展示的；

……

## 传说中的"新官上任三把火"吗？

# 挑战无处不在

5. 部下为何会公然反对新规则?

6. 为什么上司也不支持更好的管理规则?

Andy 觉得十分难堪，特别是没有明确得到 Felix 的支持，让他顿时泄了气。可是，会议才进行到第二项议程，该如何继续呢？

Andy 急中生智，给自己找了一个台阶下。

"当然订单最重要！但是，工作沟通也很重要。"

"今天我先跟大家通个气，具体新规定执行之前，还会另外通知的，大家不用着急。"

"还有一件事情，关于大客户管理。这本来是我直接跟进的工作，现在，综合考虑客户的体验，以及保障大客户业务的持续稳定，决定大客户管理还是沿用集中管理的方式。今后这项工作就交给John来跟进吧！"

"我反对！大客户集中管理，表面看上去挺好，其实也有问题。大客户售后，很多时候都得依靠地区资源的支持，业绩却没有算给地区，这样下去，地区支持的动力也没有了呀！我觉得不如让各地区自行管理，这样效果更好。"

老黄的反对并非空穴来风，关于大客户是否应该划到区域管理，争论已有半年时间了。好不容易负责大客户管理的 Andy 升职了，大家都很期待大客户可以还给各区域。

所以 Andy 刚刚的宣布，等于让大家的愿望落空了！

于是，一石激起千层浪，大家突然开始热烈地讨论起来，叽叽喳喳就像在菜场。

"大家先冷静一下！有什么意见慢慢说！Andy，你跟大家再商议一下，到底有没有必要继续大客户单独管理。动态地做优劣势对比也是有必要的。"

"好的，Felix。"

# 挑战无处不在

7. 同样的分配，为什么新任经理做的就是错的？

8. 当着部下的面被上司打脸，怎么办？

这升职后的第一次会议，被部下来了个下马威，这是 Andy 始料未及的。

Andy 已经不记得自己是如何收场的了，只是觉得自己的运气很差，很背！对这群老同事，他轻敌了！

为了快速逃离这个现场，Andy 请 Felix 给大家做总结发言。

Felix 已经看出了 Andy 的窘迫，于是支持性地说了几句场面话，然后，就散会了。

Andy 很郁闷，第一次团队会议，居然发生了这么多意料之外的情况。似乎部下们都在跟自己作对，连上司也不支持，这到底是什么情况？

Felix 说他会支持我的，可是刚才会上他怎么没有支持呢？到底哪里出问题了呢？

# 挑战无处不在

9. 为什么自己升职变成经理后，反而更没有话语权了？

# 新官上任，挑战无处不在

1. 新任经理布置的任务，员工当耳旁风？

2. "老油条"的不配合，说来就来？

3. 当着上司的面，与部下起争端，好不好？

4. 新官上任，该不该借用上司的力量？

5. 部下为何会公然反对新规则？

6. 为什么上司也不支持更好的管理规则？

7. 同样的分配，为什么新任经理做的就是错的？

8. 当着部下的面被上司打脸，怎么办？

9. 为什么自己升职变成经理后，反而更没有话语权了？

Hi，我是文竹。

我是本书故事的主持人。

我将带你了解 Andy 的故事，也很高兴与你一同探讨管理的艺术和实践。

管理是涉及行动与应用的学科，评价管理的标准应该是成效。这使管理成为一种艺术。然而，管理还涉及人和人的价值观、成长与发展，这又使它成为一种人文学科。

—— 彼得·德鲁克（Peter F. Drucker）

（*The Essential Drucker*,2001）

**彼得·德鲁克**

### 这位老先生是谁？

他就是大名鼎鼎的彼得·德鲁克（1909—2005），被誉为"现代管理学之父"。他是第一个提出"管理学"概念的人，是引领时代的思考者。1946年，他提出了"组织"的概念，奠定了组织学的基础；1954年，他又提出"目标管理"的概念，从此将管理学开创为一门学科；2002年，他获得了美国总统自由勋章。

德鲁克的管理思想在全球范围内影响了很多人，在他的启发下，很多管理者又有了各自的创新实践。著名财经杂志《经济学人》给他的评价是："假如世界上果真有所谓大师中的大师，那个人的名字，必定是彼得·德鲁克。"

# 关于前面那段话，大师说什么呢？

· 管理是一门学科，但不是科学，所以管理没有公式；

· 管理涉及的是行动与应用，关注的是实践；

· 管理的好坏不是感官上是否和谐，它的评价标准是成效，在企业中就是绩效；

· 管理是一种人文学科，研究的是关于人类内心世界的学问。

有效管理需要不断研究，通过思考和实践，借鉴别人行之有效的好方法并且加以调整，以形成适合自己的管理方法。

不对呀！明明有的领导管理很随意，甚至很糟糕啊！

难道不可以慢慢积累经验，慢慢调整管理方式吗？

为什么一定要以高标准要求新任经理呢？

"不想当将军的士兵不是好士兵！"法兰西第一帝国皇帝拿破仑曾经有过这样的名言，激励着很多人的上进心。

难道真的走不断升级的管理路线才是最有价值的？这其实因人而异。在实际工作中，与"管理路线"相对应的"专家路线"也是非常值得认可的模式。

"专家路线"也被称为 IC（individual contributor）路线。IC 的意思是"个人贡献者"，而不是像管理者那样的"组织贡献者"。管理者与 IC 是可以相互转换的，通常优秀的 IC 会被提拔成管理者，而有些不适应管理路线的人又会转回 IC。相对于处理繁杂的管理事务，对这些人来说，集中精力钻研技术更为有趣、更有价值。

回到前面的问题：为什么有的领导管理很随意，甚至很糟糕呢？难道不可以慢慢积累经验，慢慢调整管理方式吗？为什么一定要以高标准要求新任经理呢？

对于走管理路线、有志于不断升级的人而言，那些不良的领导示范不值得模仿。他们要么会退出管理岗位，要么就止步不前而停滞在某个位置上，这不是你想要的结果。

如果说不断升级进取如同爬坡，那么在管理的新手期树立正确的观念，养成良好的习惯，那就十分重要了。只有这样，才能踏踏实实走好每一步，攀登上自己追求的高峰。

# 管理新手期该如何度过？

## 新手司机上路

· 有的人请求你：请你多包涵，多宽容，给他时间慢慢上正轨。

· 有的人告诉你：他是新手，不按套路出牌，万事皆有可能，你悠着点。

· 还有的人警告你：他是新手，请你自己注意，错了全怪你！

新手司机站在自己的立场，可以任性地对外宣言。

换作是新任经理的新官上任，说同样的话会得到怎样的反馈呢？

**所以，管理生涯的新手期，一定要认真对待!**

积极思考，及时检查自己所处的位置，做出相应的调整，新手期就可以变成蓄力期啦！

另外，还有一个值得注意的知识点——**权变理论**，新手经理所处的领导环境不太有利，是需要重点考虑领导方式的。

# 权变理论

领导者施加影响的能力取决于群体的工作环境、领导者的风格，以及领导方法对群体的适合程度。

——美国管理学家弗雷德·费德勒（Fred E. Fiedler）

3个主要变量：

（1）领导者职位权力的强弱。

（2）上下级关系的好坏。

（3）任务结构是否明确。

费德勒按照上述3个主要变量的不同组合，把领导者所处的环境从最有利到最不利共分为8种类型，并就每一种类型给出了领导方式的建议：任务型或者关系型，以达到最佳的领导效果。

# 权变理论

| 环境 | 最有利 ➡ 最不利 | | | | | | | |
|---|---|---|---|---|---|---|---|---|
| 上下关系 | 好 | | | | 差 | | | |
| 任务结构 | 明确 | | 不明确 | | 明确 | | 不明确 | |
| 职位权力 | 强 | 弱 | 强 | 弱 | 强 | 弱 | 强 | 弱 |
| 环境类型 | 1 | 2 | 3 | 4 | 5 | 6 | 7 | 8 |
| 有效领导风格 | 任务型 | | | | 关系型 | | | 任务型 |
| 关系导向型（高LPC） | | | | | | | | |
| 任务导向型（低LPC） | | | | | | | | |

# 2

思维转变：新任经理的
第一要务是什么？

第一次团队会议，Andy 想要的是什么？起初他斗志昂扬，准备大干一场，满脑子想的就是按自己的意愿管理控制团队。

· 他想要知道每个部下目前手头的工作细节。

· 他想要宣布新的规则。

· 他想要按自己的意愿重新任命大客户管理人。

**Andy 这么想有错吗？**

管理不是科学，没有绝对的对与错。

但是，从管理实践经验出发，**急于获取控制权，往往是急而不得的。**

为什么呢？

控制权难道不是跟着岗位一起获得的吗？

第一次团队会议，碰了一鼻子灰，Andy 觉得莫名其妙。连很支持他的上司 Felix 都表现得很冷淡，这到底是怎么了？ Andy 一扫之前的意气风发，找朋友文竹来答疑解惑。

"Andy，恭喜你高升啊！怎么样，'新官上任三把火'，烧得过瘾吗？"

"别开玩笑了，文竹。今天正想请教你一下呢……"

Andy 对着文竹大吐苦水。

"是吗？谁？部下们都不太配合，这也罢了，居然连 Felix 都不支持我，太奇怪了！他如果不支持我，当初又何必提拔我呢？"

"表面上看问题确实很多，千头万绪。其实，关键问题出在一个人身上。"

文竹："你觉得 Felix 为什么提拔你，而不是提拔其他人呢？"

Andy："我最勤劳肯干啊！他的吩咐，我向来没有二话。之前做方案，我都通宵过好几次呢！"

文竹："如果这次他提拔了其他人，你会怎么做？"

Andy："没想过，可能会换工作吧……"

## 思考：上司为什么提拔你？

因为你最优秀，最有带队能力，最成熟吗？
还是因为他最喜欢你，偏爱你呢？

## 大师年轻时候的故事

德鲁克 20 岁那年进入了法兰克福最大的一家报社，成为一名财经和外交事务记者。2 年后，他被提拔为助理总编辑。

这是一个位高权重的职务，担任这种职位的人，通常特别出色并且拥有丰富的经验，年龄在 35 岁左右。可德鲁克只有 20 岁出头，难道当时他的管理才能已经显露了吗？

德鲁克说，即便他不是一流的日报记者，也不是特别出色，他也可能会得到这个职位。因为在一战中，很多人死于战争，也就是他这个职位的候选人已经所剩无几，只能从更年轻的人里面挑选了。

被提拔，不见得是因为你以为的优秀，可能只是因为没有更合适的人，或者其他各种奇怪的理由。

　　开玩笑吧？经理提拔怎么会乱来呢？一定有标准啊！

　　确实，标准是有的，只不过标准非常个性化。通常每家公司都会有框架性的标准，但具体的认定标准，还是因人而异的。

　　先看看比较受到认可的认定标准吧！

杰克·韦尔奇最推崇的管理咨询大师之一，拉姆·查兰（Ram Charan）的一线经理提拔标准：

- 沟通能力。
- 计划能力。
- 压力下的决策能力。
- 领导团队的意愿。

但是，在很多企业，一线经理的提拔条件被大大简化了：

- 可能是业绩最佳的个人贡献者。
- 可能是上司最信任的人。
- 可能是上司最熟悉的人。
- 可能是上司最想留住的那个人。

……

**拉姆·查兰**

难道 Felix 只是为了留住我吗？莫非他并不是真的认可我的能力？怪不得他没有拿出实际行动来支持我……

"不好意思，本来我也是自信满满的……不过，从第一次开会 Felix 的举止来看，他似乎不是真的支持我。你说，如果他不支持我，又何必提拔我呢？搞得我如此难堪。"

"Andy，你怎么了？"

很多时候，因为各种原因，被提拔的一线经理并不十分完美。**上司会用自己的方式继续培养这些一线经理，同时保持观察并可能做出一些调整。**

所以，当 Andy 发现 Felix 对自己的态度并不十分积极时，就应该提高警惕，采取进一步的行动了。

**什么行动呢？**

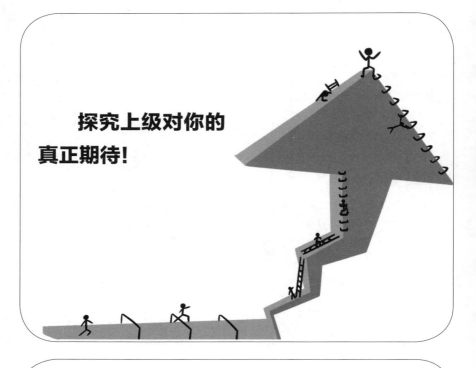

**探究上级对你的
真正期待!**

想一想，在上级经理和团队成员之间，为什么要增加一层管理？

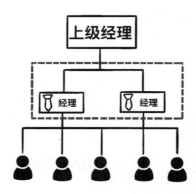

很显然，如果没有中间这一层，沟通更直接，信息更保真。

是的，信息保真是好处，同时也意味着更琐碎和繁杂，需要消耗大量时间梳理并提取关键信息。所以，当团队达到一定人数规模或者业务复杂度时，就需要设立更贴近一线的管理岗位，去完成这项信息整合工作。

这么说,难道上级提拔你当经理,只是为了帮他整合信息吗?

**本质而言
确实如此**

为确保一线员工正确地为实现企业目标而工作,就需要中间的各级管理层做好相关信息的上传下达,并在关键点上纠正一线员工的行动偏离,或者帮助他们排除前进的障碍,解决实际困难。这就是中间管理层存在的价值和意义。

所以,**上司提拔你当经理,你就开始扮演上司的某个分身了。**

作为上司的分身，很显然，**你有行动的功能，但不具备独立判断的功能。**

扎心了！什么叫"不具备独立判断的功能"？我 18 岁就已经成年了呀，当然可以独立判断啦！

此独立非彼独立。

作为分身，主要任务是**执行主体的意志，为主体的判断服务**。分身如果有异议，必须与主体协商并达成一致。

真相，就是这么……看着刺眼，听着刺耳……但是，你要接受……

好吧，就算是分身吧！那好歹也是上司自己选的，为什么Felix不支持我呢？

## 上司的分身有哪些特点?

· 你只是其中某个分身，分担上司的部分工作，你没有上司的权限。

· 你的工作优先级排序应该与上司一致，不要擅自调整。

· 如果你有改善工作的方案，需要与上司商议并在获得许可后再实施。

· 作为分身，要研究向下管理的艺术，不要给上司添麻烦。

Andy 上任后的那些操作，如变更团队的管理规则，调整大客户管理人，等等，哪一件在事前与上司 Felix 商议过?

Felix 没有事先得到 Andy 的解释说明，从会议现场员工的反对声中又看到了明显的副作用。在这种情况下，Felix 凭什么要支持 Andy 呢?

员工反对的新政策就一定不好吗？员工反对这么有效吗？

**"被员工反对"，这算不上评判新政策优劣的标准。**但是，如果管理者没有关于反对声的有效化解策略，那么这个新政策还是需要进一步研究调整的。

"如果能够言听计从，确保指令的贯彻，那就是成为合格帮手的第一步了。领导提拔人的根本目的，其实是在给自己找合适的帮手。"

"我还是头一次听说分身这种定位呢！还别说，有时候发现领导们确实更喜欢言听计从的部下。"

# 帮手应该具备哪些素质？

第一，要关注上司的需求，帮人得帮在重点上。

第二，方法要得当，初始阶段最好根据上司的具体指示办事。

第三，行动要及时，帮手这项工作的优先级要提到最高。

第四，最重要的一点，是秉持"管家心态"。

所谓"管家心态"，其关键在于你需要牢记，**无论你在这座宅子里打点了多少，做了多大的贡献，你始终不是真正的主人，不能随自己的心意处置资产。**与之相对应的，就是"主人翁心态"了。

当你处于上司帮手的位置时，要秉持"管家心态"，不要想着去改造上司已经搭建好的"家园"，无论他的"家园"在你看来是否有问题。

如果你确实看到了风险并且考虑到"覆巢之下无完卵"，积极主动思考了改善策略，那么也请先向他提出改造建议，获得同意后再施工。

随着业务量越来越大，Felix 已经无法兼顾华东业务的细节，所以他提拔了 Andy。那么 Andy 的重要工作就是把握华东业务的细节，并且将重要内容及时报告给 Felix。

随着 Andy 的升职，表面上看似乎是 Felix 将华东组交给了 Andy，但其实只是 Felix 选定了 Andy 帮助自己"代管理"华东组而已。因此，Andy 发现的任何问题，准备做的任何改造，都得预先与 Felix 沟通请示，而不能轻易在会上宣布实施。

又扎心了!

搞了半天,升职意味着当别人的分身,或者只是获得了帮手的身份,却不能发挥自己的卓越才能。

那升职还有什么意思?管理还能做出创新吗?前辈们都是怎么熬过去的?

别急着难受,先看个管理权限概览图吧!

这是在保罗·赫塞(Paul Hersey)和肯·布兰查德(Ken Blanchard)提出的领导生命周期理论的基础上,根据管理实践推演而来的。

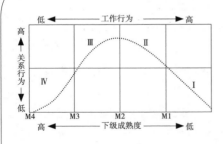

领导生命周期理论主张的观点是,对于不同"成熟度"的下属,应该采取不同的领导方式,才能达到有效领导。

所谓"成熟度",是指工作成熟度和心理成熟度,新任经理因为刚进入一个新的领域,处于成熟度相对较低的状态(在Ⅰ或Ⅱ区域),因此,新任经理的上司不适合采用适用于成熟下属的"授权式"领导方式。

这也是新任经理无法第一时间获得所谓自由发挥个人卓越才能的原因之一。

在新手期，你的管理自主权限确实很小；不过一旦通过考验期，进入发展成熟期，你的自主决定权就会增加，成为独当一面的资深管理者。

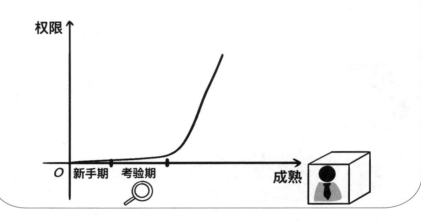

"分身""帮手"，这些身份定位其实都是管理新手期中的常见考验。有的人很快通过了考验，他也就可以离开新手期而进入考验期，于是拥有越来越多的权责，最后从"管家"升级成"主人"；也有的人就算过了很多年，在管理岗位上依旧处于附属地位，无法真正发挥和施展自己的才能。

管理的考验期一般要多久呢？没有一定之规，但通常比新手期更长。新手期如果能树立正确的观念，养成良好的习惯，那么也更有机会缩短上级对自己的考验期了。

只有你做好了"上司的帮手"，才有机会被赋予更重要的职责，越来越独立。

为什么有种"卧薪尝胆"的感觉？要先伏低做小，将来才能展翅翱翔吗？这就是所谓的韬光养晦吗？

你大可不必这么想！

本质而言，就是找专业的人做专业的事。新手管理者还没有成为管理专业人士，所以需要通过类似帮手、学徒这样的角色锻炼，在"做"中"学"，不断提升能力。

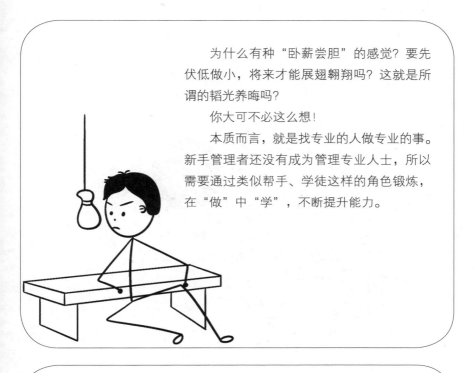

"我大概是被 Felix 说的几句场面话给迷惑了。Felix 对大家说他很放心将华东销售组的管理工作交给我，还说他相信我可以将工作做得更好！我居然都信了，想来真是好笑。"

"Felix 说的话有鼓励的成分，但也该是他真实的期待吧！"

"只有把华东区的业务做得更好，Felix才会有更好的发展。所以，在确保和提升业绩方面，你们的目标应该是一致的。"

"但目标一致还不够，还得统一思路。毕竟条条大路通罗马，你们选择哪一条，怎么走，就得商量好了来。"

"或许 Felix 也没想到，你这么着急就开始宣布什么改革方案了呢！确认上司对你的具体期待，这是升职后的第一要务，不能忽视哦！"

"真没看出来，Felix 居然有这样的弯弯绕。"

"不对，想起来了！开会前我问过 Felix 是否有什么特别要吩咐的，他当时回答说'没有'，所以我才自己安排的。"

"这种情况也很常见！上司有自己的节奏，或许当时他在忙别的，没心思考虑你的问题。如果你没有得到答案，很有可能你问的不是时候。也或许你可以调整一下提问的方法。分享几个提问技巧给你吧！"

# 如何向上司提问？

（1）先探究清楚上司的优先级排序：此刻，他最关切的是什么？**最容易得到答案的提问：既是对方想说的，也是你感兴趣的。** 如果你的步调与上司一致，你很容易得到上司对他最关心的事情的期待和看法。

（2）找准提问的时机：上司想说话的时候。上司忙碌的时候打断他，或者占用他一个接一个会议的间隙时间，或者在他急着找你问问题的时候反过来抓着问他，这些都是不明智的。

**什么时候上司想说话呢？心情平稳，刚刚结束了紧张的工作，节奏放慢的时候。**

（3）**聚焦提问，不要泛泛而谈。**比如 Andy 问 Felix 有什么特别吩咐，Felix 如果此刻没有具体需要 Andy 去做的事情，自然是没有吩咐的。正确的方式是：针对团队的首次会议内容，Andy 应该向 Felix 报告自己的计划，再请示 Felix 是否有指导意见。

（4）避免抽象，多用**"抛砖引玉法"**。所谓"抛砖引玉法"，就是对自己探索的问题预设一个答案，作为开放问题讨论的起点。

比如 Andy 要探索 Felix 对自己的期待，如果直接提问就会这样：

"领导，您对我有什么期待啊？"

"好好干！做出更好的成绩吧！"

**瞧，他们这就是客套了一把，如果直接向上司提问，他不会正面回答，等于什么都没说。但如果采用"抛砖引玉法"就会有所不同了。**

"领导，我觉得提升业绩的第一步得了解现状，所以我想加强汇报管理，做一个新制度来提升大家的报告意识和能力。您觉得如何？"

"确实，几个老员工汇报能力很弱。不过，这些不着急，眼下的重点是维持业务稳定，避免人员流动。你刚刚上任，大家可能不服你，你也要多帮助他们。慢慢来吧！"

你看，Felix 这就把想法说出来了：第一，维持业务稳定是重点，所以不能调整客户管理；第二，要维持人员稳定，不能搞出激进的人员淘汰事件；第三，Andy 得搞好员工关系，别给 Felix 添麻烦。

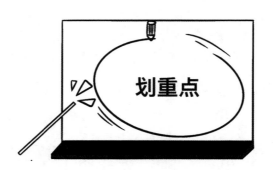

划重点

### 新任经理的第一要务：理解自己真正的任务！

- 你需要扮演上司的某个分身，在工作中执行上司的意志。
- 调整步调，与上司保持一致的优先级，成为上司的好帮手。
- 不要擅作主张，新手期保持与上司密切的请示沟通很重要。
- 从上司那里领来真正的任务，丢掉岗位说明书，不要自定义。

**3**

# 疑难杂症：不配合的
# "老油条"，怎么调走？

老黄最近经常请假。自从公司安排体检以来，他已经跑了好几次医院了，说是甲状腺出了问题，一会儿验血，一会儿做B超，在公司一副要好好保养的样子。

老黄本来就不配合，这会儿因为生病还耽误了工作，简直是"罪加一等"！Andy 想到老黄就头疼。

这事儿该怎么处理？

Andy 升职后，他原本想把之前自己负责的大客户管理工作转交给 John。可惜操作失误，上次会上宣布没有成功，工作还在 Andy 自己手里。

这会儿老黄请病假，销售任务也完不成。

空缺这么大，Andy 该怎么补？

不行，这事儿得报告给 Felix！

"领导，老黄请病假了，这个月的销售任务还有很大的缺口，得另外想办法。"

"什么病？很严重吗？"

"他身体不好，经常出差也不合适。这个月任务还有空缺，如果不是我追问，他都不会主动上报。这样下去，团队业绩要被他拖后腿的。所以，我觉得可以给他转后勤岗位……"

"那你想好谁来接任老黄了吗？你准备好客户交接了吗？这几个月的销售指标会受影响吗？"

"转后勤岗位，是新增还是替换现在的哪个人呢？"

"除了老黄，你团队里还有谁也有问题？"

Felix 一连串的提问让 Andy 有点手足无措。

他其实没有想那么多，只是觉得老黄有问题，想和领导商量一下。

Felix 似乎变得有些严厉了。

"你再仔细想想，做一份具体方案出来。"

为什么？老黄是 Felix 的亲戚吗？为什么 Felix 总是维护他？还有，Felix 怎么这么激动呢？不同意就不同意吧，怎么好像还生气了呢？

Andy 想不通啊！就差去 HR 那边打听 Felix 跟老黄的关系了。

大王：Andy 的铁杆兄弟，本科和研究生都是同学。大王很讲义气，热衷于组织各种局——牌局、球局、饭局，各种热闹他都爱。

小 K：是 Andy、大王他们同寝室的哥们，本科毕业后去了长沙工作，时不时会来上海出差。

大王　　　　小K

Andy 没心情见他们，本想拒绝大王，但大王一向自说自话，最后 Andy 只能答应了。

Andy 突然想起小 K 入职不到一年就被提拔到管理岗位了。

小 K 居然管理了这么多人，想必经验很丰富。Andy 似乎找到了一个宝藏男孩，突然就高兴起来了！

Andy 准备好好向小 K 取取经。

Andy 对小 K 讲了自己的烦恼。

**果然，有经验的小 K 给出了非常重要的提示：**

（1）处理员工病假要小心，不要因小失大。

（2）老黄这种类型的员工，不一定要挪走，也是可以争取的。

（3）把握上司的关切，做好充分准备后再沟通。

## 注意一：处理员工病假要小心

人吃五谷杂粮，生病是很正常的一件事情。因为员工请病假而辞退员工，显然既不符合人性，又不符合法规，不能提倡。

根据《劳动法》，员工请病假不能随意辞退。除非问题非常严重，经专门机构鉴定为需要退出劳动岗位的情况（工伤、职业病致残程度 1~4 级），也得提供退休、退职待遇。

即便很理解，但是，员工生病请假确实会影响正常工作的交付，给经理的管理工作带来一些困难。

**重点：员工请病假的负面影响时长不同。有的影响当下，带来困扰；还有的影响未来，带来风险，要采取不同的策略。**

## 《病假分析表》

| 病情 | 影响当下 | 影响未来 | 未来 |
|------|:------:|:------:|------|
| ①急性小病 | O | - | 快速手术，一个月内可以回归岗位 |
| ②急性大病 | O | O | 手术后需要长时间修复，需要降低未来劳动强度 |
| ③慢性大病 | - | O | 潜伏性问题，早晚要暴发 |

如果只是影响当下，那么经理只需要考虑短期补救措施即可。

如果还会影响将来，那么经理得考虑重新分工或者组织调整。

老黄的手术就在眼前，确实是急性。但他算是第一种还是第二种呢？老黄做完手术回来以后，还能保持原来的工作强度吗？

按照医生的建议，想必老黄应该调整一下工作强度。但实际上，我们留意到职场上的很多人为了事业，不太遵守医嘱。

所以，有没有必要调整将来的工作强度，**并不仅仅取决于老黄的身体情况，还与老黄个人的职业态度有关。**

不同的价值观会使人做出不同的决定，有的人将事业排在首位，超过健康；也有的人更爱惜身体。在不了解对方想法的前提下，经理擅自调整该员工的工作内容，或许会被扣上歧视的帽子，造成职场矛盾，甚至升级为纠纷。

那么，老黄的决定会是怎样？能否回归正常工作？

这一方面取决于老黄本人的意愿，另一方面还得看老黄回归后的实际表现。

"嗯，有道理！老黄这种人很难缠，如果我好心把他调去做强度低的工作，回头他却倒打一耙，我还真是有苦难言呢！好吧，明天还得再找他谈谈。"

"你也别把他当毒蛇猛兽，非要往外赶，也是可以考虑争取一下他的。"

## 注意二：老黄也是可以争取的

不可能！这绝对不可能！

## 为什么小 K 说 Andy 的这个方向
## 不是显而易见的正确呢？

"老油条"，是指资历深、在组织中有较长经验、工作意愿度比较低的一群人。他们有自己的方法，擅长推诿工作，是企业中生产力较为低下的一群人，特别容易引起新任经理的反感。

但作为理性的职业经理人，可不能仅凭反感做出决定哦！

一个萝卜一个坑，丢掉了老萝卜，有没有新萝卜入坑？如果没有合适的新萝卜，那这个坑可能就被公司封掉了（俗称取消 headcount）。

去哪里找新萝卜？内调还是外聘？外聘要走流程，启动不简单；如果要内调，回到上一个问题，谁来填他的坑？

表面来看，就是调走一个人，其实牵扯的是一个**组织设计的大问题。**

组织设计确实是一个很复杂的课题。管理大师德鲁克曾经介绍过 5 种组织设计的原则，那些都来自管理学先驱们的经验总结。因为并没有唯一完美的原则，于是德鲁克找了另外的维度，将组织设计分成两类：职能原则和团队原则。

所谓职能原则，就是按照销售、制造、财务等职能设计组织；而团队原则，则是以任务为导向、为完成特定任务而组成的包含各种职能人员的团队。

这两种原则在实际应用中很多时候会互补出现，并不是非此即彼的。

Andy 并没有重新设计组织架构的权限和责任，但 Andy 需要确保自己团队完成特定的任务，因此，Andy 要对自己团队的具体构成负责。

**具体怎么做呢？**

了解<u>公司的发展规划</u>
↓
分解到这个<u>团队需要承担的任务计划</u>
↓
考虑需要配备的<u>人力资源 & 对应的工作计划</u>

想明白了这些，才能真正明确老黄目前所在岗位的岗位要求，才能按照这个岗位要求来判断老黄是否真的不能胜任！

好像这是给 Andy 出难题了，刚刚上任，千头万绪，Andy 怎么可能搞清楚所有问题嘛！

"正因为如此，草率处理老黄就不明智了！再说了，就算你不顾一切想把他踢出局，你以为他会善罢甘休吗？一旦老黄跟你闹起来，你的上司会怎么看你呀？"

"我推荐你一招'招安大法'！"

所谓"招安大法"，其实就是唤醒老员工，
争取反对派。

### 第一步，了解对手。

  既然称之为老员工，自然他在公司的资历更深。但他反而被你后来者居上给超越了，心理不平衡也是人之常情。

  这恰恰是他的弱点。如果他能克制负面情绪，奋发向上，那么今天你们可能就不是这样的相对地位了。其实，在无意间，你跟他已经较量过而且胜出了，所以你才是新任经理。

Andy 赢得了经理的位置，成为老黄的上司。

**第二步，调整沟通策略。**

对于善辩、世故、根基深的老员工，新任经理需要注意避免对立性沟通，表达对老员工的尊重。改变不会在一朝一夕间完成，不能操之过急。像 Andy 那样直接点名，势必遭到反击。

新任经理可以用"请教""商议"这些动作，表达对老员工的重视和仰仗。比如他们最熟悉公司历史和老故事，与这些相关的可以多向他们请教；或者在发布指令前找他们商议一下，"采纳"一些合理意见，这样必然能够消除他们对新任经理的敌对情绪。

如何提升组内人员的工作沟通效率？

**第三步，共同制订改善行动方案，达成共识。**

消除敌意之后，就可以慢慢转入正题了。盘点和梳理老员工的能力、经验、资源，对于他们表现出来的问题也需要深入挖掘其形成的原因，尽力达成改善行动的共识。

比如老黄不配合写工作报告，仅仅是态度问题吗？其实很多基层销售都不太擅长书面写作，对 Office 软件的应用也不熟悉。因为不擅长而更厌恶写报告，进入恶性循环。这种情况下，与其逼着老黄写出漂亮的报告，不如给他一个模板，协商出一个改善过渡期，等等。但是，请注意，对于已经宣布的要求不能轻易让步。

**第四步，提供帮助，激发成就感。**

经过了前面的步骤，或许老员工有些细小的改善，但还是没啥上进心，仍处于应付状态。那么这个时候经理就需要探究，到底是什么阻碍了他们的职业发展？适当地提供帮助和支持。

比如有些老员工在长期不受重视的情况下会"破罐子破摔"，或者安于现状，没有提升的动力。不过，随着企业的发展，就算是员工抱着"维持现状"的想法，也不能真的原地踏步，还得跟上企业的发展步伐才行。传递了这个理念给老员工，再了解是否可以提供一些帮助，提升他们的工作完成度，从而提升其成就感。

比如老黄，身体不好或许是影响工作的原因之一，但未必是最主要的原因。Andy 需要进一步挖掘阻碍老黄工作热情的真正障碍，给他提供一些帮助。

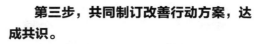

成就感就像燃料，可以提供前进的动力，但是如果成就感入不敷出，怎么办呢？

还有很重要的一条就是：**建立恰当的激励，形成良性循环。**

要及时给予认可，如果有权限增加奖金、推荐晋升等，那就更好了。当然，对新任经理来说，一般还没有给予物质奖励的权限，最大的机会就是给下属及时的精神认可了。

千万不要小看精神认可，这代表你的态度，发出的是正面信号。

"说来也是……我其实对老黄还真不太了解，就是被他怼烦了。你还别说，他跟南京的那几个客户关系真不错。如果把他换走了，还真不好说谁能完全接得住呢！"

"所以你老板 K 你了呀！哈哈哈……"

"其实你没想明白很正常，关键是跟上司说话要注意一点。"

## 注意三: 把握上司的关注点, 做好充分准备再沟通

"这事儿确实不容易啊! 不过你得有意识地探究才行。"

"唉! 说起来容易。上司的心, 海底针啊! 我也不知道他关心啥!"

**那么上司的关注点到底是什么呢?**

工作中, 上司不是可以听你吐槽的朋友, 他关心的是工作。还记得新任经理的第一要务吗? 你得先了解上司对你的期待, 从中就可以读出上司的关注点了。

**上司比较常见的关注点的有 3 种:**

**(1)稳中求进。**这种比较普遍, 不必特别交代。因为新任的一线经理通常是管理经验零基础, 之前没有掌舵的经验, 现在上司把船交给你, 必然第一要求就是把船驾稳了, 然后再谈方向、速度、路线等。

**(2)特别行动。**如果有特别重大的项目或者行动计划时, 通常上级也会跟新任经理讲明白, 不会让你去猜。这种情况下, 特别行动就是最高优先级。

**(3)其他消极期待。**不可否认有些人被提拔是不符合上司本来意愿的, 这种情况下上司对新任经理也不会有积极的期待。双方能够友好共事, 那就是另一个话题了, 此处不深入讨论。

因为上司不是可以随意交流的朋友，一旦你说错话是要负责的，所以更要想清楚了再说。在没有做好准备的情况下，贸贸然去找上司沟通，那是非常不明智的。

该准备什么呢？推荐一个**与上司沟通的准备清单。**

**（1）交流的目标：**解决某个具体问题。

**（2）补充信息：**事实案例，相关数据。

**（3）2～3个解决方案：**供上司选择点评。

**（4）积极的情绪：**收起你原本可能沮丧的心情。

比如 Andy 之前去找 Felix 谈调动老黄的问题，就准备得太草率了。可以对照清单分析一下。

## 检查一，交流的目标：准备解决什么问题？

是业绩缺口问题？是人员结构问题？还是人员管理问题？要聚焦。

可以一次谈几个问题，也可以分几次谈多个问题，但最好一个一个来，不要混杂在一起。

## 检查二，补充信息：是否准备了客观事实和数据？

如果谈业绩缺口，是否有相关数据？老黄的缺口有多大？有没有对缺口进行合理性分析？是否有弥补的机会？从哪里补？如果谈人员结构问题，就要了解现有人员结构如何，后勤和前端的分布如何，后端为什么要增加人手，前端人员调整对业务会有什么影响，等等。

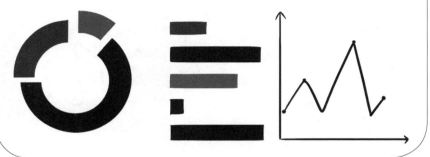

## 检查三，解决方案：有没有选择余地？

Andy 给出华山一条路，就是把老黄调去后勤。这就显得考虑不周了，任何问题都有很多解决方案，只是伴随的利弊不同。

至少要提供 2 个候选方案，但也不必超过 3 个。就算有 100 个方案，也要挑出其中最优的 3 个给上司选择，同时要将利弊呈现清楚。

## 检查四，积极情绪：这一条在沟通中很重要!

怀着沮丧心情说出来的话，在工作场合就像噪声般的存在。你的积极情绪能佐证你的理性思考以及对方案的信心，也可以提升听你方案的上司的信心。

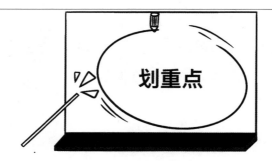

划重点

· 处理员工请病假要考虑合法、合规、合情；尽早判断其对工作的影响程度，以便于制定不同的策略；如果涉及对未来的调整，最好与员工深入沟通后达成共识。

· 不要轻易决定调走任何一个员工，团队调整的源头是组织设计；出现"老油条"是有原因的，值得探究；"老油条"是可以唤醒并且争取的。

· 重视跟上司沟通前的准备工作，上司不是你可以随意吐槽的朋友，信口开河只会给自己减分。

# 任务布置：官威不足，
# 如何有效指挥？

老黄这就请假开刀去了，留下了 25 万元的业绩缺口，距离关账只剩最后 5 个工作日了，Andy 心急如焚。

老黄留下的 25 万元缺口，占团队总任务的 8%。而公司能接受的偏差幅度不超过 5%，就算是奔着目标下限也难啊！

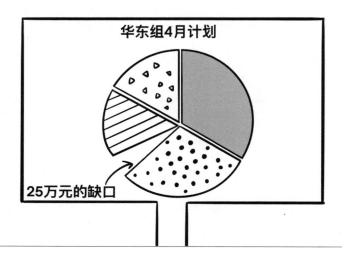

华东组4月计划

25万元的缺口

# Andy 的两大苦恼

（1）这个月的缺口，怎么处理？

（2）老黄请假期间，他的工作交给谁？

其实这就是传说中的"历史遗留问题"，明明对当下有很大的负面影响，却不能大刀阔斧地铲除。考验人的时刻到了！

Felix 真是的，纵容老黄到今天，生个病就把工作给拖累了！没见过这么不靠谱的。

第一个问题: 这个月的缺口怎么解决呢? Andy 想出了 3 个方案。

## 选择一: Andy 自己上

  Andy 自己暂代老黄，奋起直追，在关账前的最后 5 天里将销售额补回来。成功概率为 70%，毕竟 Andy 也不是万能的，还要拉下脸来求人，看哪个大客户愿意支持。

  这么做，苦了 Andy 一个人，但可以保全团队的总体绩效。

## 选择二: 找团队的其他成员想办法

  调动群众的力量，从其他客户那里争取更多订单，以填补空缺。人多好办事，成功机会更大。不过，华东组已经习惯了各自为政，恐怕大家不一定能配合。

  这是上策，但很考验 Andy 的领导能力。

# 选择三：向公司求情

　　向公司报告问题，说明情况，等后续团队正常后补回缺口。毕竟 Felix 手下还有其他团队，公司也不止 Andy 这一个团队。只要其他团队多做一些，也不会影响公司的全局。只不过，新官上任就碰上这种事情举白旗，很没面子啊！这不符合 Andy 一贯的作风。

# 选哪一个方案呢？

　　大师德鲁克说过：

**"管理的任务是让人们能够共同做出成绩，发挥他们的长处，规避他们的短处。"**

　　关键词：人们、共同、发挥长处、规避短处。

Andy 不能独自揽下工作。既然已经晋升到了"管理层"，Andy 的首选，必须是第二个选择：找团队的其他成员一起想办法，共同克服团队面临的新挑战。

"Jason，Susan，John，这个月你们的情况如何？任务能完成吗？"

"上海基本没问题，明天最后一个订单进来就完成了。"

"我这里江西张总那边资金周转有点问题，帮他备好的货可能提不走。正想向您报告呢……"

"还差一点，这周再确认一下。这年头的生意不好做，经销商也都库存积压严重呢！"

客户资金问题，是销售经常会遇到的挑战之一，简直防不胜防。

Susan：老员工，资历仅次于老黄，擅长人际关系维护，沟通能力强，负责浙江地区。

Jason：比 Andy 晚半年加入公司，年轻有干劲，工作能力很强，是 Andy 有力的"竞争对手"，负责上海地区。

John：跟 Andy 同时加入公司，跟 Andy 的私人关系比较好，偶尔周末还会约着一起打球，负责皖闽赣地区。

Jason 没有发言。

"是这样的，老黄最近身体不好，请假很多，工作也没做好。今天又请假开刀去了。我刚刚盘点了一下，这个月老黄的缺口还有 25 万元……你们看看，各自区域能不能多出一点，补上这个缺口？"

"不好意思，Andy，我这边也拖后腿了。我再跟张总那边沟通一下，看看他能不能周转一下，我这边尽量不出缺口。"

"这样吧，我先把自己的任务搞定，然后再去问问，看看还有多少机会吧。"

89

"Jason，你这边呢？上海几个客户实力还是很强的，活动空间也比较大，你觉得呢？"

"上海再多出 25 万元，也不是完全不行。不过这样会乱了节奏，不是上策呀……要说，江苏的 RSDD 这个月进货多少？我觉得还得在他们身上继续挖掘一下潜力才对。其实我跟 RSDD 的秦总也挺熟的，上次展会上交流了很多……要不，我来跟 RSDD 沟通一下吧？"

Jason 果然厉害！他居然看上了老黄最大的客户 RSDD。

在销售的世界里，区域就是地盘，客户就是资源，可不能随意处理啊！

如果让 Jason 沾手 RSDD，将来就算老黄回来，也很难再从 Jason 手里要回来了。到时候老黄又要闹了！

"Jason，这件事我得向 Felix 报告一下。这样吧，你们先都回去研究一下在本区域做多点的机会吧！中午 12 点前给我消息，下午我一起向 Felix 报告。"

吸取之前的教训，在跟老黄相关的事情上，Andy 决定要谨慎。

"那其他客户呢？能不能多做一点？"

"Andy，张总那边总算有进展了，他计划的那些货本周内都能提走。我不会给你拖后腿了！"

"哦，Andy 啊，你还没吃饭吧？要不要等下我帮你带一份上来啊？"

"Susan, 你也吃饭去了吗？你还没告诉我，你那边的客户怎么说啊？"

"我联系他们了，都说要再研究研究，这一时半会儿没结论的呀！估计怎么也得明后天才会有决定吧！你别着急啦，先去吃饭吧。"

"不用了，谢谢。就是问一下你那边的客户怎么说啊？"

这些人根本没有把 Andy 放在眼里！

明明 Andy 说得很清楚，12 点前要他们给出反馈的，为什么这些人还会自顾自离开去吃饭而无视 Andy 的指令呢？

## 发布的任务被当成耳旁风？

管理者发布的任务没有被妥善执行的问题其实并不少见，发生在新任经理身上的情况更是常见。

为什么呢？

不会是欺生吧？

事实确实如此。

**新任经理发布的任务被当成耳旁风的原因之一：由于新任经理威信不足，发布的任务比较容易被部下挑战。**

威信？升职成了经理，难道不就有了职位权力了吗？职位权力不就是威信吗？

很遗憾，**职位权力不等于威信**，而且职位权力也不是一步到位的。新任一线经理的权力，一开始可能仅存在于公司的系统中，而且只是初级权限，比如员工的请假或者报销的初审权限等。

仅此而已。

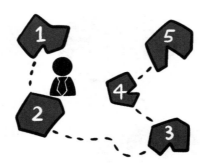

**那么该如何建立威信？**

**要建立什么样的威信呢？**

第一种威信，像江湖大佬一样极具威严，人见人怕，部下们都不敢直言。

很显然，这种威信并不适合职场。下属碍于职位，不得不听你的，但很容易口服心不服，执行力也会打折扣。

第二种威信，专业大拿。专业方面可以说一不二，众人不得不服。

这种专业威信确实厉害，但对管理者的专业要求太高，对年轻的新任经理来说更是很难获得。

第三种威信，因说话算话、有法有度、信守承诺而获得认可，可以称为管理威信。

这种威信在日常管理中比较有效，值得新任经理有意识地进行培养。不过对于 Andy 来说，刚刚上任还没来得及表现自己的言而有信呢，自然这方面也是很薄弱的。那么该如何建立这种威信呢？

**建立管理威信的核心在于**

**"言而有信"，有 3 个要点。**

## 要点一： 谨慎说话

要做到说话算话,那就要控制好源头,不能胡乱承诺或者随意下规定。

比如 Andy 说下午他要向 Felix 报告,一旦他说了这话,那么最好下午真的去找 Felix 报告,并且能确定结果——能否将老黄的客户转给 Jason。但万一下午 Felix 忙着其他事情没空,或者就算 Andy 跟 Felix 报告了也没商议出结果,那么 Andy 说出的这话就是空头支票了。所以,Andy 在开口之前应该先想好。经常讲话不算话的经理,会被员工认为无能或者狡诈,无法令人信服。

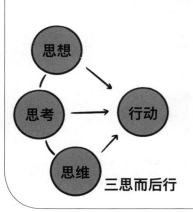

思想 思考 思维 行动

三思而后行

立木为信

## 要点二： 累积信用

对于新任管理者,或许还没有太多机会累积信用,那就得有意识地"制造信用"了。这种"制造信用"就类似于自己布置任务自己完成的小节目。比如,说好"1 小时内必定回复部下邮件""每天上班的前半个小时留给部下交流问题"。把自己有把握做到的计划宣布出来,之后公开执行,就可以比较好地塑造出说话算数的形象了。

# 要点三：公开行动

信用展示出来了才能被旁人记录，所以不能只是默默操作。累积信用的行动都要公布，公开操作，需要让团队全员知晓。

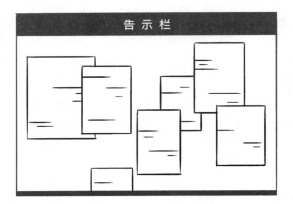

Andy 还有漫漫长路要走，管理威信还得逐步建立啊！

**新任经理发布的任务被当成耳旁风的原因之二：任务内容不合理，执行有难度。**

部下不配合的原因有很多，其中一条，就是上司的任务制定有问题。作为需求方，你有责任确保合理的任务安排。

难道我制定的任务不合理吗？团队销售任务不能达标，问题很紧急，我让他们抓紧时间去跟客户交涉沟通，我有错吗？Jason 他们不配合，是因为我任务没安排好？还有天理吗？！

## 什么样的任务算合理呢?

可以参考 SMART 原则,但也不必拘泥于此。对于日常任务的制定,很大程度基于资源和条件的评估,为了确保任务的合理性,有 5 个检查维度。出现 2 个或 2 个以上维度的欠缺,管理者就应该警惕了,很有可能,你收不到满意的结果。

5 个维度:

(1)时间是否充裕。

(2)任务完成的难易度。

(3)人选是否合适。

(4)与大方向的相关度。

(5)是否有明确的结果要求。

## 用这个标准来检查一下 Andy 布置的任务吧!

# 1. 时间是否充裕

如果给下属留的时间比较紧张，就需要特别沟通和帮助。

Andy 在上午跟大家沟通了需要弥补业绩空缺的计划，然后要求大家在当天 12 点前给回复，工作时间大约为 2 小时。Andy 觉得只要跟所有客户打一圈电话就能确认清楚，所以 2 小时足够了。

但实际呢？不是所有电话都能在第一时间找到你想找的人，很有可能那位重要对象的手机处于飞行模式；也有可能你找到了对方，但是没能说服对方；还有可能对方权限不够，还需要在公司内报告协商，这就牵涉另一家公司的流程长度，时间完全不可控。

所以，12 点前完成任务，可能时间不够充裕。

# 2. 任务完成的难易度

如何判断难易度呢？最简单直接的方法就是：评估任务的完成是否需要额外资源？如果需要，经理能否提供？

Andy 要求大家增加计划外的销售额，Jason 就直接提出要求：需要接管老黄的大客户做进一步的沟通。但面对 Jason 的要求，Andy 也不能立刻回复。这么一来，就是条件不变，目标提高，而且还要求 2 小时内给出结果，这个难度是很高的。

# 3. 人选是否合适

这一条主要评估的是任务对象的能力与意愿的匹配度，匹配度越高，越能确保任务的完成。

比如老黄的任务空缺找其他销售来弥补是否合适呢？销售的岗位能力还是比较接近的，但意愿就不一定了，需要进一步观察。

# 4. 与大方向的相关度

这一条主要评估的是任务与大方向的关联度。因为大方向就是一种势能，所有工作人员都会有向着那个方向的惯性。与大方向相关的任务容易被理解和接受。

假如公司的大方向是保利润、求稳定，哪怕牺牲销售额也不能破坏利润，那么公司就不会苛求一个月的销售数字。在这种情况下，Andy 若是逼着大家冲数字，就无法得到部下的理解了；反之，上市公司特别追求财务指标，那么Andy的要求就变得合理了。

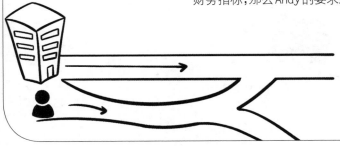

# 5. 是否有明确的结果要求

**所谓明确的结果要求，就是不会引起歧义和误会的对于任务要求的一种解释，可以约定时间、方式、程度等。**

比如 Andy 让大家 12 点前反馈与客户沟通的结果，可以补充要求，无论跟客户沟通结果如何，12 点前必须通过电话或者面谈的形式给他反馈。这样，Jason 和 Susan 在离开办公室吃午饭前就会先跟 Andy 交流一下了。

当然了，就算是设计得非常完美的任务，也有可能不被很好地执行。

**新任经理发布的任务被当成耳旁风的原因之三：布置任务的方式有漏洞，容易被钻空子。**

←任务

## 怎样布置任务才合适呢？

布置任务有两个关键动作：

**沟通**和**发布**。

# 1. 充分沟通任务要求

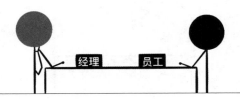

## 充分沟通任务的助力：事先沟通

事先沟通并非必须，但很关键！

常见需要事先沟通任务的情况有：

（1）接任务的人不容易接受任务的，比如"老油条"，积极性差的下属。

（2）特别重大的任务，需要提前与相关人员达成共识，方向一致。

（3）特别任务，有人需要"吃亏"多做，或者无法人人沾光的项目，需要提前沟通，做好心理建设。

（4）一时难以理解的任务，比如派发指标。

# 2. 通过正式方式发布

# 事先沟通不等于正式发布!

每一条任务都是需要回收结果的，正式发布任务，让任务"亮相"，有"正式出场"，才会更好地进入接收者的视野，也可以帮助接收者明确完成任务的意义和价值。

**常见的正式发布途径有 3 种。**

**（1）会议宣布：**适用于可公开的任务。比如 Andy 找 Jason、Susan、John 一起沟通弥补销售额缺口的课题，这就是一个小型会议上讨论的公开任务。

**（2）文件签订：** 适用于接收者有差异的任务。比如业绩指标之类，每个人的指标不太一样，是比较个性化的任务。

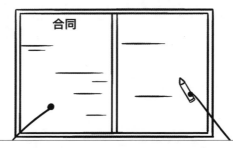

**（3）邮件：适用于比较容易理解的单个任务。** 邮件发布任务的好处是便捷且有记录，缺点就是靠字面意思传递，如果过于复杂容易引起歧义。

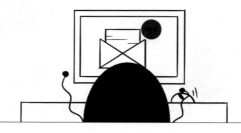

"Sorry，Felix，我们组这个月的销售目标完成有困难，需要做一些调整，想向您汇报一下。"

"差多少？"

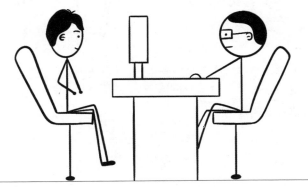

"目前来看会缺 25 万元，只能达成 92% 的目标。因为老黄最近身体不好，前面工作没有及时跟进。我也是今天上午才理清楚这个问题的，跟大家商量了一下，暂时没有任何老客户表示可以额外支持的。"

"哦，那你说的调整是什么意思？"

**Felix 看着 Andy 没有立刻说话。**

"Jason 说他可以跟进老黄的大客户 RSDD，有很大机会还可以多做出一些业绩。"

"这事情你拿主意吧！"

Felix 没有说话，应该是不同意 Jason 的要求吧！大客户可不能随意转移啊！看来跟我见解一致啊！

"我觉得这么做有些不合适，客户可能会有想法，老黄回来以后也会不太平。所以我想，要不还是我来跟进一下老黄的客户吧！这样老黄回来后工作衔接也不会有什么问题。"

Andy 察言观色，及时提出了自己的真实想法。Felix 比较含糊地应答，其实也就是默认了 Andy 要暂代老黄工作的提议。

"Andy啊,老黄突然病假,影响了销售业绩。看上去问题很突然,但其实也可以预防。以后还要多关注大家的情况,如果发现异常就得思考连锁反应啊!这个月不是特别critical,你也不用太勉强,明天下班前告诉我最终可以做到的数字就行了。"

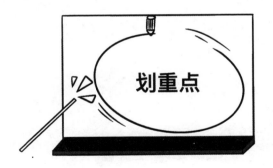

· 员工病假可能带来连锁反应很常见,需要有警惕心,尽早干预,减少问题。

· 新任经理需要主动建立管理威信,不能坐等权限解锁。

· 关注任务制定的内容,从5个维度检视其合理性。

· 关注布置任务的2个关键动作:事前沟通和正式发布。

· 向上沟通很重要,条件变化后的工作目标可能会被调整。

**5**

# 自我定位：部下问题多，不如自己干？

Andy 确实饿了，不过刚刚跟 Felix 沟通还是挺顺利的，Andy 心情不错。

身处三夹板的中间层，Andy 其实要求很低，只要别两头受气就行。

Andy 暗暗下定决心，老黄病假期间，自己要完美地将他的工作给替代好！

虽然 Felix 给了通融的余地，不过，但凡有机会，还是要把老黄的空缺全部补上为佳！

"有啊，刚刚去你座位上没找到你。乐派同意将下个月的 10 万元订单提前到这个月来，如果咱们给点支持的话。"

"Jason，怎么样？你那边的客户下午有什么反馈吗？"

"乐派是老客户了，特别配合咱们。李总说他们最近市场活动策划很积极，如果效果好的话，提前备货也是可以的。如果同意给他 1 万元的赠品，他就立刻安排提货。"

"什么？提前提货 10 万元，要 1 万元赠品？趁火打劫吗？就算不提前，下个月他也得提货吧？"

Andy 没忍住把心里话给说出来了。

"趁火打劫？这话说得太难听了吧！天底下没有无缘无故的帮忙呀！增加进货，占用人家的资金，人家要补偿不是很公平吗？"

"下午回来我又追了一大圈电话。几个客户都说预算用光了，这个月是不能再进货啦！我觉得吧，没必要逼他们，逼得太紧，他们又要跳出来谈条件，对以后的长远业务发展也不利，对吧？"

"理解。没事，老黄的问题我来想办法吧！"

"好嘞！那你忙着，有事随时找我。"

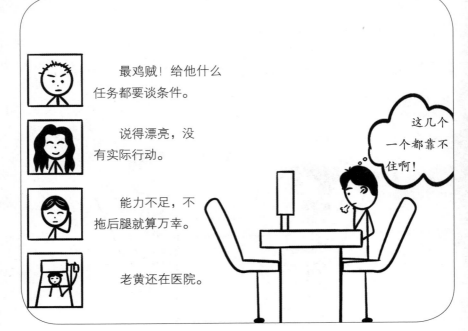

管理者的重要职能是管理员工和工作。具体工作，必须由员工来执行，而不是管理者本人！

都说经理不该亲自动手做事，亲自动手就算管理失败呀！但是，为什么 Felix 没有反对我亲自动手呢？如果不亲自动手，这个问题又如何解决呢？

## 亲自动手 = 管理失败？

## 成为管理者，就不能做具体的工作了吗？

或许你听说过管理中的"**猴子理论**"。这里的猴子就是日常工作中的具体任务，也就是通常指的下一个动作。工作中的具体步骤其实非常灵活，蹿来蹿去，所以被比喻成猴子。

**作为中间层的管理者，不仅容易从自己的上司那边领猴子，更容易在不知不觉中把下属的猴子也接过来。**

# 下属是怎么把猴子塞给你的呢？

就这样，下属的猴子就跑去经理头上了。

如果你有几个下属，那么恭喜你，他们几个就可以连着丢好几个猴子给你了。

　　"猴子理论"是美国的管理者提出的，咱们也可以把它想象成打乒乓球。一个经理同时在跟好几个部下对打，你怎么来得及接球呢？

　　既然如此，咱们就要调整双方拿球的时长来取得平衡了。经理这一方得尽可能减少收容球的时间，让球在部下那里多飞一会儿。

在现实工作中，大多数情况下，管理实践的研究都不提倡管理者亲自执行具体任务。

比较明显的原因有 3 个：

**（1）资源浪费，不利于提升绩效。** "三军易得，一将难求"，有组织管理能力的人才，本可以为企业绩效做出更大贡献，却纠结在具体工作的执行上。就好像指挥打仗的将军不思考战略战术，却非要陷入肉搏战中涉险一样，得不偿失。

**（2）占用时间和精力。** 过于操持细节，就如同背着一大堆猴子的经理，日复一日只是在应付猴子而已。经理的时间如果被大量琐碎的事务占据，那么他就没有精力去思考、创新和突破了，最终会影响他对企业的贡献。

**（3）专业性欠缺，做具体工作的效果不好。** 在某些行业、某些工种或者某些层面，管理者是不兼容部下的技能的，并不是所有管理者都是"从基层做起"的，比如餐饮行业的普通经理必然不能随意代替厨师一样。

员工休假

基于上述原因，**一般不推荐管理者"亲自动手"。**

甚至可以说，如果管理者被迫"亲自动手"，就表明他的领导能力差，不会分工，不会授权。

## 但一定要这么做吗？没有例外吗？

　　如果事情非常重要，关系到经理的前途命运呢？

　　如果事情非常紧急，经理来不及调度得力部下呢？

　　如果问题非常复杂，需要不断分解调整呢？

　　如果难度非常大，没有放心的人选呢？

　　……

　　经理能够抽身而出吗？

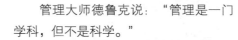

管理大师德鲁克说："管理是一门学科，但不是科学。"

管理不必教条，最佳管理方法源自实践。评判管理有效性的标尺在于：这样做是否有利于提升企业绩效，是否符合企业整体成功的大方向。

## 三个石匠的故事

老人问："你们在做什么呢？"

石匠甲："我在养家糊口。"

石匠乙："我在做全国最好的石匠活儿。"

石匠丙，仰望天空，目光炯炯有神，说道："我在建造一座大教堂。"

　　有些人工作完全不关心公司的需求，只考虑自己撞钟打卡，在具体标准下交付可以被接受的劳动成果，用时间换收入。这类人是不会成为管理者的，也不适合承担更大的责任。

　　有些人在工作中专注于追求自身的价值体现。这是普遍被接受的，且被认为是比较好的职场动机。但作为管理者，这个境界还不够。方向上容易走偏，很有可能使最终员工的愿景偏离企业的目标，对企业而言是不利的。

　　真正的管理者。他了解企业的愿景，并且将这个愿景内化到了自己的工作中。

　　不要教条式分工！
认准了方向，采取合适的方式，这才是管理者需要思考的。

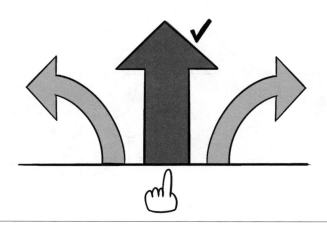

这么说来，Andy 准备亲自去补老黄的缺口，这个决策很英明喽？当然也不能如此武断，还有一个检查清单可以过一下。

　　如果符合其中任意一条或者多条，那就说明经理亲自上场（hands-on）可能有问题了。

## 亲自上场检查清单

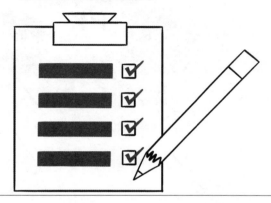

## 经理亲自上场检查清单

　　（1）因为经理自己擅长某项工作而直接插手下属的工作，搞得下属无所事事。

（2）经理对下属的工作方法感到不满时，便亲自去做，这在无形中产生了与下属的竞争。

（3）当下属工作出现失误时，经理直接出手补救，而不是教会他们如何正确地去做，导致问题反复出现。

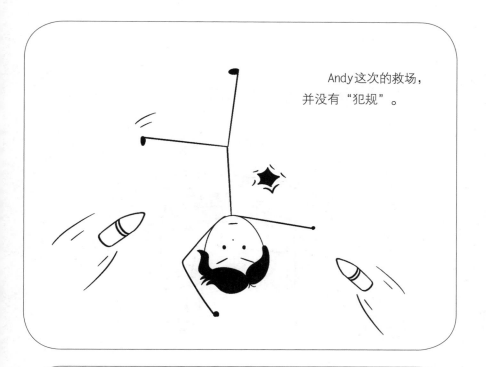

Andy这次的救场，
并没有"犯规"。

如果让 Jason 临时代替老黄的工作，后续在客户管理上或许会出
现纠纷和摩擦。

Andy希望能抓紧时间,在关账前将老黄这边的空缺销售额给补上。

"Andy, 怎么回事儿? 你们报价单是怎么管理的? "

"报价单? 出什么问题了? 谁的报价单有问题? "

怎么又出问题了？！真是屋漏偏逢连夜雨啊！

这就是经理亲自动手做具体工作的**另一个隐患了——时间管理的挑战。**

当经理的时间被大量消耗在具体而烦琐的执行工作上时，本该他关注的其他管理事务就得不到充分的重视了。

管理大师德鲁克说："时间是一种限制性因素。任何流程的产出极限都会受到最稀缺资源的制约。在追求我们所认为的'成就'的过程中，这种最稀缺的资源就是时间。"

时间是稀缺资源，有边界。如果分配不合理，会影响经理最主要的工作。

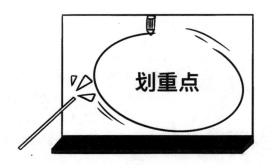

　·不要拘泥于形式：管理服务于提升企业绩效，而不是在形式上指使部下。

　·经理可以决定分工形式，包括分工给自己。

　·插手部下的工作前，先按清单评估一下负面影响。

　·时刻记得自己的时间有限，不能忽视主要职责。

**6**

# 分工策略：合理分工，
# 让每个人都一样忙？

不知不觉间，Andy 心里埋下了对 Jason 不认可的种子。

> Jason 这个家伙真会敲竹杠，前天还跟我谈条件，要支持乐派 1 万元赠品，换他们提前进货 10 万元。现在一毛钱都没有支持，人家照样进货。
>
> 哼，Jason 这家伙心太黑了！

"这不还是老毛病嘛！又是交货日期搞错了！"

华东组的老毛病 ——报价单出错！

出错率第一名：交货日期出错。

出错率第二名：配件数量出错。

这已经是历史遗留问题了，从 Felix 管理的那个年代就有了！

## 该如何看待历史遗留问题呢？

解决岗位责任内历史遗留难题，是新手经理必须面对的挑战。就算不是你造成的问题，你也有责任将它解决掉！

吸取之前的教训，Andy 准备先分析问题，找出对策，然后再安排分工。眼下犯错的 John 不在办公室，其他几个人估计也不会有什么建设性意见，找他们商议也没用。

## 那么，问题到底是什么呢？

这里要借用一个工具：美国著名心理学家托马斯·戈登（Thomas Gordon）提出的"解决问题的六步法"。

戈登的六步法包括：

（1）识别和界定问题。

（2）分析问题的根源。

（3）探索可能的解决方案。

（4）确定解决方案并形成计划。

（5）实施解决方案。

（6）评估效果并标准化。

**托马斯·戈登**

Andy 不是一个教条主义者，他在戈登的方法上稍作调整，形成了属于自己的"Andy 解决问题六步法"。他整理出了问题，找到了主要原因，并且思考了相应的对策：

| 问题表现 | 主要原因 | 计划对策 |
|---|---|---|
| 配件信息出错，主要出现在新产品上 | （1）新产品上市频率高，销售记不住新产品特征 | 销售的问题，加强培训；设置复查人员 |
| | （2）新产品上市不规范，资料很随意，经常有缺失（市场部的问题） | 市场部的问题，Andy 负责协调 |
| 交货日期预估错误，主要出现在交货日期 1 个月以上的订单 | （1）长期订单通过订单系统确认，系统有延迟（IT 的问题） | IT 的问题，Andy 负责协调 |
| | （2）有些销售忽略信息的复核，没有在最终确认合同前人工核对交货日期 | 销售的问题，意识薄弱，工作习惯差，需要培训改善并设置复查人员 |
| 整体错误率较高的集中在报价与合同间隔较短的项目。客户催，销售着急，忙中出错 | 订单处理缺乏标准工作流程（SOP），销售凭经验处理，时间紧急的情况下，错漏很多 | 销售的问题，需要建立标准工作流程，编制核查表，加强检查 |

# 总结而言，这些问题分成两类：

## 1. 销售内部的问题，Andy 需要分工

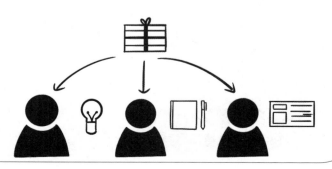

## 2. 其他部门的问题，Andy 需要协调解决

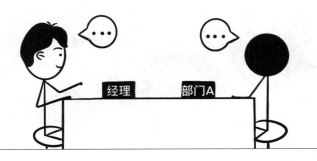

听 Andy 这么说，大家松了一口气。

"系统问题确实存在。我已经仔细分析过问题了，包括新产品上市资料不完善等，问题不都在咱们身上，也确实有客观原因。"

Andy 身先士卒，先说自己准备做的工作。

"所以，这些需要其他部门协助的工作我会向公司反映并且会去协调的。"

"但是，那些协调工作不会一下子到位，而咱们队伍中报价单出错的问题必须立刻抑制住！我有几个方案，今天要跟大家讨论一下。"

"第一，最近新产品配件信息的错误率比较高，主要是大家对新产品的变化点掌握不够。第二，咱们的工作流程还有标准化的漏洞，如果操作得当，很多问题也是能避免的。这两点做得比较好的就是Jason了，Jason，你要帮帮大家呀！"

"Andy过奖啦！我也就马马虎虎吧！等回头有时间我跟大家说说。"

"太好了！那就请 Jason 下周给大家安排一次培训，介绍一下一季度上市的新产品的变化点，以及咱们报价单制作流程中的注意点。给大家发一份清单吧！"

"你不是在开玩笑吧？就这么几天准备时间肯定不够啊！这周我还得去拜访好几个客户沟通下个月的计划呢。你不会是要让我放下手里所有的工作来搞这个培训吧？下个月销售额可以不管了？"

哎呀！我怎么没想到这一点呢？他会用销售额来威胁我呀！

"我看也没必要搞那么复杂，做那些文件很费时的，大家仔细点就好了。再说了，IT都白拿工资不做事的吗？系统问题他们得考虑的呀！我们销售为公司挣钱还要背黑锅，这也太不合适了吧？"

"你们说的也有道理，最近老黄又请假，咱们团队工作压力也很大。还是要集中精力完成销售额！"

"不过，即便如此，报价单出错问题是咱们的当务之急，必须抑制住！暂行措施就是加派专人复核报价单。这个工作就交给 Cici 了！"

让别人看自己的报价单，这在华东组是史无前例的！

因为每个客户的价格政策都有所不同，一旦交给 Cici 检查，就等于公开了。

# 敏感信息的处理，可以这么粗放吗？

这是经理在分工时需要考虑的问题之一。

但是，挑战不止于此！

"不懂可以学。你的主要工作就是检查核对，发现问题将报价单返回给相应的销售就好了。"

"为什么要我来复查？这些我都不懂的呀！"

虽然Cici这么说，但Andy脑海里浮现的画面是：Cici一手刷小视频，一边捂嘴在笑。

"但是经理，我现在的工作已经很满了，最近连续在加班了。"

"好了，就这样吧！咱们是一个集体，工作总要有人来承担，推三阻四可不好！等下我告诉你具体怎么操作。散会！"

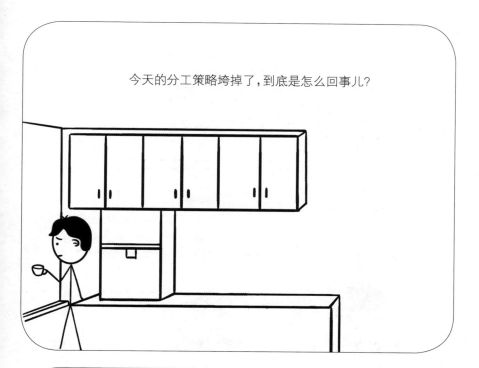

今天的分工策略垮掉了，到底是怎么回事儿？

## 有效的分工策略应该是什么样的？

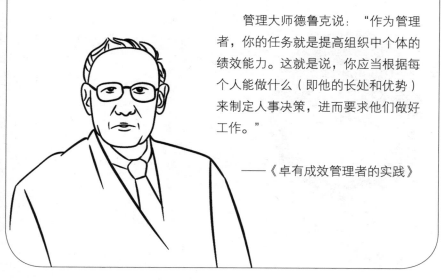

管理大师德鲁克说："作为管理者，你的任务就是提高组织中个体的绩效能力。这就是说，你应当根据每个人能做什么（即他的长处和优势）来制定人事决策，进而要求他们做好工作。"

——《卓有成效管理者的实践》

专业分工——使员工集中优势完成特定任务，特别适用于生产制造的产业链。

在日常工作的分工中，考量工作负荷是很必要的一点，但不是最重要的。分工策略的有效性可以从3个方面来检测：

（1）员工是否胜任。

（2）是否能提供公平感。

（3）能否帮助员工成长。

# 分工策略有效性评估之一：员工是否胜任

**胜任评价第一维度：是否具备任务 / 岗位需要的专业知识和技能。**

Andy 找 Jason 给大家培训新产品和销售流程，Jason 的技能是匹配的。

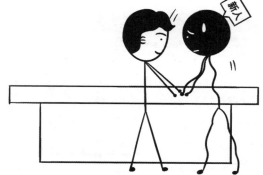

**胜任评价第二维度：是否具备任务 / 岗位需要的积极态度。**

虽然 Jason 具备相关知识和技能，但他不愿意将自己的时间耗费在不能提升他个人表现的工作上，因为那些不是他的分内事。

为什么 Jason 的态度如此消极呢？分内之事如何界定？

# 职场分内事认定的四重境界

第四层：升华层，内化公司使命，持续而长久地对客户负责。

第三层：高级层，把公司的事当作自己分内的事情。公司的任何事情，只要需要做又没人做，自己碰到就可以去做。

第二层：升级层，在第一层之上，在上下游岗位中出现的与自己相关的工作，拾遗补阙，及时补位。

第一层：底线，即岗位说明书规定的内容。

不少员工在第一层都没有站好；

优秀员工会站到第二层；

极少数员工以及少数管理层有第三层的觉悟；

精英才会考虑第四层。

因为 Jason 只是站在第一层，所以他认定帮助他人不是分内事，因此态度消极；而 Cici 还没有想明白真正的职业精神，她甚至还不在第一层。

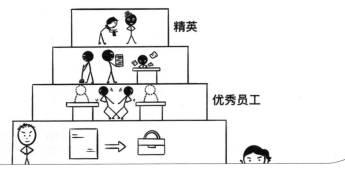

## 什么是职业精神？

"**职业精神是受人之托，忠人之事；是对自己的职业怀着敬意，尽职尽责、规规矩矩、训练有素地服务于客户的一种精神。**"

——章哲，《新员工入职第一课》

职业精神的 3 个表现：

· 可靠。

· 爱岗。

· 服务客户。

**Cici**

我只做岗位说明书约定的内容，任何新增要求一律拒绝。

抱着这种思想工作的人，或许不久后岗位就不是他 / 她的了。

但是报价单出错的后果很严重！

临到签合同再更正，就如同更改条件，客户会非常生气，认为这是欺诈和不诚信。

为了公司的声誉，这样的问题不能再出现。

**企业的公关危机**

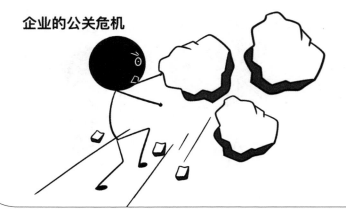

**胜任评价第三维度：是否认同组织的价值观。**

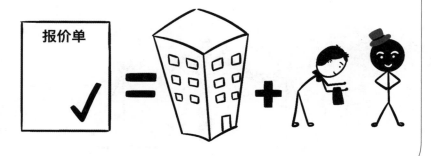

$$报价单 \checkmark =$$ 🏢 + 🧍🧍

如果认同组织的价值观，就要为实现组织的愿景而努力。

当 Jason 和 Cici 抱着 "事不关己，高高挂起" 的想法时，他们就没有统一自己与公司的价值观。

# 分工策略有效性评估之二：是否能提供公平感

## 公平感 ≠ 公平

**公平感的本质是员工的感受。**

# 企业中的公平感可分为 4 个类型

（1）分配公平感：对报酬是否公平的感受，一旦员工觉得不公平了，就会降低工作绩效。

（2）程序公平感：对于报酬决策机制的认知，是对程序公平与否的一种主观感受。一旦员工觉得机制不公平，就会降低工作绩效并且有离职倾向。

（3）人际公平感：上级对下级的态度是否尊重，是否提供了人际关系的平等感，也会影响下属的公平感受。

（4）信息公平感：对某些与员工相关的事件，上级是否提供了应有的解释、说明，使员工得到确保知情权的公平感。

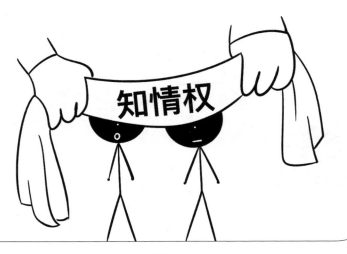

下面是比较好的分工宣布路径。

第一步：找合适的场合，在友好的气氛下宣布（人际公平感）。

第二步：说明分工的设计逻辑以及为什么要将这个任务派给特定人员（信息公平感）。

第三步：沟通流程的合理性（程序公平感）。

第四步：工作回报的说明（分配公平感）。

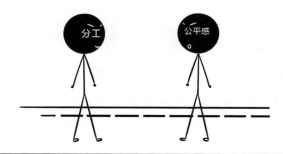

其中第四步非常重要，每个分工都有必要说明完成该工作的益处或者员工会从中得到的收获。但这通常是对新任经理最大的挑战。

新任经理往往既没有给部下升职加薪的权力，也没有给部下其他激励的经验和权限，所以新任经理很容易忽视第四步。

**如何解决呢？**

# 分工策略有效性评估之三: 能否帮助员工成长

　　当新任经理无法向员工承诺升职加薪的时候,有一种非常有效的激励,这不需要你具备特定的职能权限,只需要你对部下加以妥善的引导。那就是职业发展。

　　简单来说,如果新的分工能够帮助员工成长,就是在促进他的职业发展,这是对员工很好的激励。

职业发展

## 员工成长的路径

成长路径

路线一: 本岗位技能提升、经验累积, 被提升到本职能的管理层。

路线二: 本岗位技能提升、经验累积, 继续深化走专家路线。

路线三: 学习新技能, 进入岗位轮换, 获得更多技能经验, 被提升到管理层, 有更多选择。

"这个任务交给你啦！多熟悉熟悉这种工作，也方便你申请轮岗。"

还可以更精细一点看待任务的本质。借鉴精益生产改善工具价值流程图（value stream mapping，VSM），我们可以将组织中的大部分工作，根据其是否直接服务于绩效，分为"增值活动"和"非增值活动"。

**增值活动：**就是直接产生绩效的工作，比如 Jason 喜欢做的那些直接产生销售业绩的工作。

**非增值活动：**就是不直接服务于绩效的工作。其中也分成两类：一类是必要的，另一类是非必要的。比如检查、控制、培训等工作就是必要的，而在办公室聊天、闲逛、开会讨论没有意义的事情，那就是非必要的。

必要的非增值活动是管理的一部分，而非必要的非增值活动则是优化改善的目标。在生产中，非必要的非增值活动就被定义成浪费了。

# 应用到分工策略中

· 经理需要界定这次的任务属于哪一类活动。

· 如果是新产生的增值活动任务，可以选择分配给力求上进的员工。即便超过了他的工作负荷，也是有很大机会协调说服的。

· 如果是新产生的非增值活动任务，经理需要三思而后行，是否真

的需要执行？如果确实为必要的工作，那么可以分配给走路线一或者路线三的员工，他们需要多样化的锻炼，这对他们的职业发展也是有帮助的。

Andy 派给 Jason 和 Cici 的工作就是"必要的非增值活动"，工作的好处需要经理与部下沟通清楚。

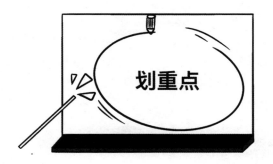

· 让每个人都一样忙的分工只是表面的公平，不符合管理的目标。

· 好的分工一定是知人善任，发挥员工的优势，员工能胜任的。

· 有效的分工能够提供公平感，避免员工产生负面情绪。

· 有效的分工能帮助员工成长，使其看到职场发展的机会。

# 授权管理：芝麻大的权，该怎么授？

疫情防控期间，Felix要求将季度工作会议改到线上。

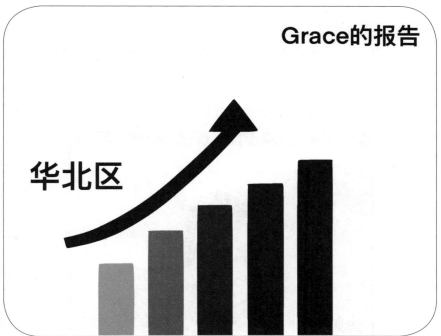

"虽然还在疫情防控期间，对大家出差有些影响，但我们华北区客户关系非常稳定，业务进展良好，稳中有升……"

"咱们东北区跟预期一致，完成目标！说来真不容易，这疫情一来，影响很大啊！不过咱们都扛过来了。"

"很抱歉，这个月华东的任务还有个小缺口……我们争取下个月补上。"

"疫情防控期间，业务受到影响，公司也是理解的，所以工作目标已经有所调整，但调整后的目标一定要确保完成！"

"除了业绩目标，还有各团队的管理工作，也要重视。特别是Andy，新上任，遇到了不少挑战。自己要多思考，也可以多向Grace、张帅请教……Andy，你们团队的报价单问题得尽快处理，不能再耽搁了哦……"

唉！确实啊，屋漏偏逢连夜雨，倒霉的事情都给自己摊上了！最终还是没能补上老黄的空缺！历史老问题又像头皮屑，去了又来，反反复复。唉……

"Grace，你好啊！这会儿忙着吗？能耽误你几分钟吗？"

"Hi, Andy, 这么客气干啥，有什么需要我帮忙的？"

新经理刚上任，团队还是维持原来的工作分配没有变化，就连 Andy 自己原来的大客户管理工作都还继续跟进着，授权从何说起呢？

**授权真的像 Grace 说的那么有效吗？**
**为什么很多管理者又不愿意授权呢？**

# 关于授权的常见困惑

（1）不自信：如果授权出去，经理自己不就被架空了？

"职场上人人可替代，如果工作全部放下去了，还要我这个经理干什么？"抱着这种思想，牢牢掌控一切。

（2）不信任：感觉部下水平不行，不堪担当大任；或者有过失败授权的经历，再也不愿意尝试，就独揽大权了。

（3）不舍得：经理偏好某些工作，不愿意交给其他人。

比如有些经理最爱排座位，任何活动的座位表都由经理亲自安排。

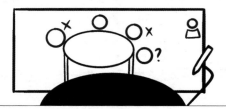

（4）来不及：时间不够，教会下属要花费的时间太多，不如自己做更快。

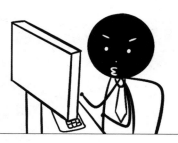

出于上述这些原因，很多经理不愿意授权。

## 如果不授权会怎么样呢？

- 经理非常忙碌，连轴转。
- 经理进入独裁状态，人心涣散。
- 长期被指挥，下属没有积极性，缺乏创造力。
- 下属没有成就感，选择离开，造成人才流失。

## 什么是授权？

　　授权并不是简单地把本该由经理做的工作交给下属做，而是把可以由下属做的事情交给下属去做，这样经理才能做真正应由自己做的事。

——彼得·德鲁克，《卓有成效的管理者》

关键点：

- 不是将经理所有的工作分配下去。
- 将下属可以做的工作分配给下属。
- 经理专注于应该自己亲自完成的工作。

## 授权的益处：

· 发挥所有人的力量，提高组织的产出。

· 提升下属的积极性。

· 提高下属的工作能力。

· 经理能更好地管理时间。

"嗯，你会越来越熟练的！录入系统可能只需要你一半的工作时间，那你剩下来的其他工作时间该干什么呢？"

"那个……那个，我可以学习呀……"

"其实我们每个人在公司里的工作内容都会变化的，不存在一成不变的工作。如果公司要求增加某个岗位的职责，难道我们都要拒绝吗？"

"哦，原来你是说这个呀！对不起哦，我那天会上一下子没想明白，检查报价单的工作我愿意做的。"

"拿到报价单，核对两个信息：一个是配件的型号和数量，另一个是交货日期。在系统里输入主产品号就能找到相关配件信息。另外，交货日期的核对稍微复杂一点，如果是一周内要交货的，那就给货管打电话，直接确认；如果交货日期在一周以上，那还是查系统，根据系统显示的就行。"

"这项工作很重要！Felix 特别重视，我们一定要有所改善。所以，当你发现有问题的报价单时，一定要第一时间退回给责任销售通知他修改核对，同时将此事记录下来。我会不定期来查看记录的。"

"好的！"

收件人：华东组销售全员

抄送：Felix

标题：关于报价单核对安排

各位同事：

如昨日会议宣布，为减少报价单错误，即日起加派 Cici 做报价单核查。请大家务必提前一天将准备发出去的报价单发给 Cici 核查，并根据 Cici 的反馈来纠正错误。

所有被复查的报价单都会在 Cici 那里存档留底，请大家务必好好配合！当然，更希望大家从源头上控制好，尽量降低错误率。

有任何问题，随时沟通。

Andy

# 2 天后

"Andy，对不起啊，有个事情要麻烦你帮帮忙了！货管系统延后，系统本来显示 10 号可以出货的，现在又出不了了，得等到月底！客户发飙了，说要找我们索赔呢！"

"啊？怎么会这样呢？！"

"是福州 JL，他们本来就急着要货，我查系统发现刚好够，所以就操作了。没想到，今天早上一刷新，居然显示本月为零。刚刚给货管打了电话，说是白色版需求量少，排产在后面，最快月底有新货。"

"不都说了系统信息滞后吗？！为什么还是只顾着看系统呢？拿起电话，跟货管直接沟通一下不行吗？再说，你的报价单难道没有复查吗？Cici 没有提醒你吗？"

"Cici，你现在过来一下！"

"Cici，福州 JL 的报价单有问题，你核对过吗？"

"福州 JL 有问题？"

Andy 很生气："难道你没检查出来？"

Cici 一副很无辜的样子："没有啊！John 说这个客户很着急，让我跳过检查，直接录系统了呀！"

John 在旁边捂脸挠头。

Andy 不可思议地看着 Cici："John 怎么说你就怎么做吗？你自己的职责是什么你不知道吗？"

Cici 很委屈："我是销售助理，John 是销售，他让我赶紧录入系统，我有权拒绝吗？万一搅黄了销售业绩，这个责任算我的吗？"

**到底什么才算授权？**

**授权跟分工有啥不同？**

所谓授权，就是上级将任务交给下属的同时，还提供了完成该任务可以调取必要资源（包括人力、物力等）以及协调、代表的权限。

授权的主体：任务、权限。

任务主理人：下属。

所谓分工，就是上级将一部分工作交给下属。在完成任务的过程中，如果下属需要其他资源或者帮助，还得回来找上级。

分工的主体：任务。

任务主理人：上级。

从根本上来说，授权和分工的区别在于是否在交接任务的同时提供了相应的权力。

Andy 交代 Cici 复查大家的报价单，但 Andy 并没有给 Cici 其他权限，所以 Cici 觉得自己仅仅是在帮忙，并没有对复查报价单的工作产生主人翁意识，她认为自己的身份还是那个帮大家录入系统的销售助理。

你的意思是怪我喽？

Andy："Cici，既然任务交给你了，当然应该坚持自己的工作。今后任何人想跳过检查都不可以，一定要坚持原则。"

Cici："好的，经理你这么说了我也好办事。"

Andy："John，你看你，总是毛手毛脚，老出状况！这次先解决问题，下不为例！我等下找南京 RSDD 的秦总，看看能否借一点货。"

John 非常高兴，连连道谢："太好了！秦总那边备货齐全，肯定有的。谢谢 Andy，给你添麻烦了。谢谢，谢谢！"

# 第二天

Jason 很生气："Andy，你这个报价单复查的方式有问题啊！我的订单白白飞掉了，这账怎么算？"

Andy 一脸诧异："Jason，到底怎么回事儿？"

Jason："昨天早上的单子，小姑娘 Cici 检查了整整一天，今天早上才去录系统。好了，现货已经被提光，没货可发了！最后一点库存昨天下午被西区的 Alex 提走了。客户要得急，转头就找我们的竞争对手 DX 去拿货了。"

Andy 很惊讶："怎么会这样呢？我问问 Cici。"

"我拿到报价单的时候就打电话给货管了，当时没人接电话，我就放在一边去做其他事情了……我也不知道这事情这么着急啊！再说了，事情不该有个先来后到嘛，我每天早上都得优先录订单的。其他人那些已经确认好的订单也不能耽误啊！"

"查系统、打电话，也就10分钟的事情，为什么耽误那么久？到底怎么回事儿？"

## 工作优先级，该怎么排？

### Cici 有错吗？

（1）先入先出，按顺序处理工作，这是初级岗位常见的工作排序方法，没有问题。

（2）Cici 尝试过处理 Jason 的报价单，但碰到困难临时中断，切换到了"容易做的先做"原则，也说得通。

（3）从根本上说，Cici 不具备判断力，到底哪一种业务更重要，这不在 Cici 的判断范围内。

### Jason 有错吗？

（1）按照规定交给 Cici 检查，没问题。

（2）突然间货物被同事提走，属于突发事件，信息不在 Jason 日常关注范围内。这或许是 Jason 需要加强关注的。

（3）这次客户要货很急，不愿意等，这是 Jason 没有掌握的信息。如果提前知晓，Jason 必然会紧催下单，不让飞单的事件发生。

Cici 和 Jason 都算不上错，顶多是有改善的空间。

但问题出现了，算谁的？

其实是 Andy 的错！

## 教条主义授权，是新任经理常见的问题之一。

教条主义授权：不考虑实际情况，照搬别人的经验，为了授权而授权。

少年不识愁滋味

为赋新词强说愁

## "教条主义授权"的症状：

（1）授权给不胜任的人。

（2）授权的内容含糊不清，管理者自己都没想明白要达成的效果。

（3）形式主义，假装授权，但没有真实地下放权力。

（4）重复授权，授权给几个人，造成摩擦。

（5）没有目标管理，授权之后不问结果。

那到底该不该授权呢？

答案是：**在正确的时机授权。**

不授权 ✗

教条主义授权 ✗

隆重介绍一位管理大咖——布鲁斯·塔克曼（Bruce W. Tuckman）。

在组织行为学中，塔克曼研究并提出了团队发展的四阶段模型（1965年提出），又在1977年补充了第五阶段。于是，举世闻名的"塔克曼五阶段团队发展模型"就此诞生，很多管理困惑也因此找到了答案。关于正确授权时机的答案也就能找到了。

**布鲁斯·塔克曼**

# 塔克曼模型

**第一阶段：形成期。**也就是团队组建的初期，需要摸索最佳合作方式，建立规则，这个时候的团队领导就以"指导"为主，团队需要非常明确的指示。

**第二阶段：震荡期。**也是团队成长期，各种问题和摩擦都会出现，此时的团队领导需要"支持"，甚至像教练一样引导团队解决问题。

**第三阶段：规范期。**这时团队绩效进入了上升通道，团队基本稳定了，所以团队领导要"参与"式管理，给予更多的成员发挥的空间，鼓励成员创造。

**第四阶段：成熟期。**也翻译成执行期，就是团队进入稳定阶段，绩效进一步提升。这时团队领导就应该"授权"，成员自己执行必要的决策，以完成组织目标。

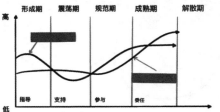

**第五阶段：解散期。**天下没有不散的筵席，总会因为各种原因而使团队发生变化：解散、整顿或重组。这时候的团队领导就进入新任务模式了。

Andy 的团队处在哪个阶段呢?

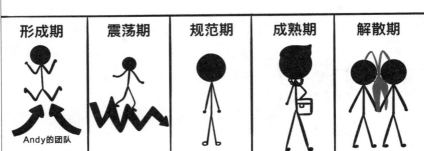

　　新官上任,作为新上任的一线管理者,Andy 的团队还处于形成期。塔克曼老师已经给出答案了,在这个阶段,Andy 应该好好指导成员,理顺工作流程,形成团队共识才对。

怪不得 Grace 说授权就能解决问题呢!Grace 作为资深经理,她的团队已经比较成熟了,对她而言,授权就是最好的团队管理方式。

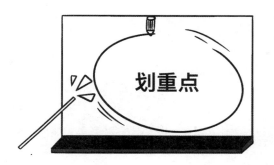

· 授权是管理者提高管理效率的重要方式之一，但需要考量授权的内容是否适合该授权对象。

· 授权的重点不在于分管理者的权，而是在分工的同时，附带提供相关调取资源的权限。比如授权修理设备，那么员工就该获得进入工具室挑选合适工具的权限，而不需要每次领用时都要向领导再申请。

· 新任经理容易掉入"教条主义授权"的陷阱，为了授权而授权会引起更多的麻烦和问题。

· 根据团队发展的不同阶段，也可以划分出不同的管理阶段并考虑管理者的工作重点。

| 团队发展阶段 | 管理行为 | 管理重点 |
| --- | --- | --- |
| I.形成期 | 指导 | 理顺工作流程，形成团队共识 |
| II.震荡期 | 支持 | 协调关系，解决问题 |
| III.规范期 | 参与 | 团队建设，增强凝聚力 |
| IV.成熟期 | 授权 | 关注成员发展，管理压力 |
| V.解散期 | 新任务 | 安抚成员情绪 |

**8**

# 向上管理：上司的问题越来越细，什么意思？

"这事情确实太巧合了！Jason 的客户要得急，偏偏西区那边又正好提了货，撞到一起了。"

"Andy，你是怎么搞的？Jason 说他的订单被搞掉了，这是公司的损失啊！"

"Jason 说检查报价单耽误他的时间了是吗？这个检查流程我会再研究一下的，其实 Jason 这样的水平也是可以免检的……"

"你觉得只是巧合而已吗？这次事件你没有反省吗？"

"好的，我这就去研究改善。"

"设计流程，要仔细考虑，怎么可以想当然呢？既然这次有了教训，就要好好考虑改善一下。"

Jason 这家伙，居然这么快就去报告给 Felix 了，哼！不过这个流程确实有问题。Cici 很明显不具备判断能力……说到底，确保报价单正确，这本来就是销售自己的责任！还是得从源头入手啊！

Andy: "最近我们尝试了一段时间的报价单检查流程，大家觉得怎么样？有什么需要改进或者调整的地方吗？"

老黄端起茶杯喝了一口，满脸堆笑地说："我觉得挺好的！Cici 蛮仔细的。我身体还没完全恢复，幸亏 Cici 帮忙啊！"

Susan 也笑嘻嘻地说："蛮好的呀！没问题，多一道检查，少出错呀！"

Jason 两手一摊："问题嘛，你都看到了。耽误时间啊！"

John 挠挠头："辛苦 Cici 了！流程上我没问题，上次我太着急，又忙中出错，反而不好。"

Cici 没有说话。

Andy："Cici，你怎么看呢？"

Cici："通过这段时间对报价单的检查，我也更熟悉咱们公司的产品了。对我个人而言，虽然工作时间变长了，但学到了很多新的知识，还是很值得的。至于流程，我比较困惑的是排序。应该怎么排优先顺序呢？先来先处理？还是谁的更重要？或者是哪些客户的应该先处理？"

Andy："各位，Cici 的问题，你们怎么看呢？"

Jason："重要的客户优先，这是做业务的基本常识嘛！"

老黄有些不满："每个地区都有自己的重要客户，撞到一起怎么说？"

Jason："巴多莱定律听说过吗？就是二八法则，最重要的就是那 20% 的客户呀！没必要区分具体地区，关键考虑的是客户的贡献度。我建议，按销售额从大到小排序。"

John 反对："这样对开发新客户不利！客户都有成长期，有一个从小到大的过程，应该考虑新客户的体验。"

Susan 斜眼看着 Jason："按照 Jason 的方案，那就只能上海客户优先了呗。"

202

# 菜市场讨论法

"大家说的都有道理，大客户、新客户都很重要！如果检查报价单成了咱们工作流程的瓶颈，那就得解决这个瓶颈问题。"

"所以，我建议取消由 Cici 统一检查报价单的安排，而是由负责的销售自行核查，这样也可以避免给客户排序的困扰。只是需要请 Cici 将这段时间检查报价单工作的几个重要动作整理出来，列个清单给大家，方便大家参考。大家觉得如何？"

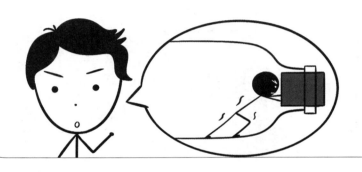

"瞎折腾了一场，好不容易适应了新流程，又改回去了。改来改去，朝令夕改嘛！"

"我没意见。"

"发现问题，解决问题，必须得这么做呀！关键是报价单不能再出错，自己要对自己的客户负责！双重检查，耗费人工，这本来也只能算是个临时对策而已。好了，如果大家没有其他意见，从今天起 Cici 处理完手头的检查工作就不用继续检查了。"

让你们叽叽歪歪，自己的问题还要扯着别人一起做，这下全还回去！

"Felix，是这样的，取消报价单复查我也是仔细考虑过的。有两个原因：第一，本来报价单就该由销售本人负责，安排复查不但会消耗额外人工，对信息管理也不利；第二，额外复查的人员只有 Cici 一个，一旦订单堆积，就会出现问题，很难确定客户优先级。这么一来，导致复查成了瓶颈工位，所以得取消。"

Felix 不给 Andy 解释
的机会。

"这就是说，问题出来了，你搞
了一个解决办法，制造出了新的问题。
你解决不了新问题，就彻底取消解决
办法，再度回到了原点？"

"Andy，管理方面你还得加强！
朝令夕改是很忌讳的，影响的是你自
己的可信度！你再好好想想……"

"客户必须是
上海的吗？"

"另外，还有件非常重要的事
情！下个月 10-12 日，亚太区经营
会议会在上海召开，其中有一天要
求安排客户拜访，这事儿你得安排
妥当，下周五之前我们要给 Joe 报
告详细计划。"

"也可以是南京、
杭州的，但路上的时
间都要计算好，总之
要完整考虑日程。"

Andy："去打球啊？"

John 点点头："是啊，同学约我呢。要不要一起啊？你好久没动了吧？"

Andy："嗯，一起去也无妨，我也正头大呢……等我一下，我去收拾一下。"

John 笑嘻嘻："好嘞！"

Andy 跟 John 打球，挥汗如雨。

Andy："John，你平时中午跟谁一起吃饭啊？"

John："如果不出差，我们几个一起吃的。"

Andy："哪几个？"

John："Jason 啊，老黄啊……"

Andy："Jason 也跟你们一起吃饭？"

John 一脸不明白："是啊！偶尔，他跟人家聊天，会坐到人家那里。怎么了？Jason 有问题？"

Andy 摇头否认："没，随便问问。"

难道 Jason 没有特别巴结 Felix？只是碰巧遇到？那也太巧了吧！

"下个月总部老大们要来上海开会，顺便拜访华东的客户，你那边有合适的吗？"

"去福州吗？如果去福州，我可以联络JL试试，看看他们董事长下个月的行程。"

"福州太远了！明天开会讨论吧！"

### 第二天 一大早

Andy："一早召集各位，是有一个紧急通知，下个月10-12日，集团领导要来上海开会，其中有一天准备拜访华东客户。你们有什么提案吗？"

老黄："去南京RSDD！上海到南京坐高铁也就1个小时，又快又稳！下了高铁，我让秦总派车来接，一定没问题！"

Jason："坐高铁，再转车，路上太折腾，不如就在上海转转。上午去陆家嘴的JX，下午去闵行的KKL，KKL所在的工业园区很大的，也让总部的老大们开眼。"

Susan："上海大家都很熟悉了，没有新鲜感。年复一年，看来看去就这些，不如去杭州，交通方便快捷。杭州DN又是新客户，让他们见见咱们总部大佬们，也可以增进对咱们公司的信心呀！"

Andy："我看这样吧，大家各自给出 2 个推荐客户，并且确认一下这些公司高层在下个月 10-12 日的日程。如果高层有外出的，就先排除，确保推荐的公司都有说得上话的人能接待才行。"

大家点头默认。

Andy："今天下午来得及反馈吗？"

Jason："时间有点紧，客户的领导们行踪也不好确认啊！你看明天行不行？"

Andy："好，那就明天下班前回复我吧！"

Felix："昨天跟你说的经营会议拜访客户的事情，怎么样了？"

Andy："Felix 早啊！我刚刚开完会，大家都有很多客户推荐，我让他们去确认客户的意向了，明天下班前会有答复。"

Felix："什么？要这么久？今天下班前先给我一个推荐名单，有情况再更改。"

Andy："好……吧！"

**午休时间**

Felix 停下来问 Andy："Andy，那个名单怎么样了？"

Andy 本来趴在桌上，听到 Felix 的声音，赶紧抬头回答："都在确认中，下午可以给出第一版。"

Felix："第一版，你们是按照什么标准挑选的呢？"

Andy："主要推荐大客户、配合度好的客户。"

Felix："配合度很重要！"

Andy 递给 Felix 一张清单，报告说："目前确认下来，有 4 家候选客户。"

Felix 扫了一遍清单："南京 RSDD 都已经去过很多次了，得安排些新面孔，否则搞得像没有进展一样。"

Andy："好的，明白了，明天我再跟他们沟通一下。"

Felix 一边看一边问 Andy："这个月的销售进展如何了？"

Andy："目前都正常呢，暂时没问题。"

Felix："完成百分之多少了？"

Andy："大概一半吧。"

Felix："上海 KKL 做了多少了？"

Andy 愣住了："具体数字还得去确认一下。"

为什么上司会问琐碎的问题？

A: "因为他就关心这个琐碎的问题。"

B: "不对，上司都关心大问题。问这个琐碎问题是为了敲打你，提醒你去关心这个问题。"

C: "干吗要敲打？再说，琐碎问题对上司有意义吗？"

D: "说明上司对你不满意！你做得不够好！"

E: "这是上司释放的信号，如果你再不管好细节，他就要出手了！"

F: "别吓唬人了！上司就是不想处理琐碎问题才给我们升职的，没理由自己又去关心那些小事。"

一个高阶领导通常更在意的是大结果、大方向。当他不断追问一线经理具体的、琐碎的问题时，显然此刻领导是不太满意的。

到底不满意在哪里呢？

根据危险等级，可以分成 4 种。

第一种，危险等级最低。领导关心这个具体问题，所以通过提问来提醒一线经理。比如 Felix 问起上海 KKL，或许只是想把 KKL 纳入名单。这只是一种沟通方式。

　　第二种，小危险。领导不满意一线经理报告的内容深度，所以通过提问来提醒。比如 Felix 问 Andy 上海 KKL，或许就是希望 Andy 关注到具体客户层面，希望 Andy 的工作更深入。

　　第三种，比较危险。领导不满意一线经理的工作态度，通过提问来指明改善方向。比如 Felix 问 Andy 业务进展，如果 Andy 能够准确回答出百分比，Felix 或许就不追问了。

　　第四种，很危险。领导对一线经理不信任，所以会不断提问、干涉和打断，以此确保事情在领导希望的轨道上发展。如果是这样，Felix 会在很多场合、很多情况下突如其来地问 Andy 一些细节问题，不断提醒 Andy，迫使 Andy 千头万绪去忙碌。如果你接到上司如此的"盘问"，那么你真的危险了！

不是吧！那我处于哪种情况呀？不会已经到了晚期了吧？

**解铃还须系铃人，如何应对这些危机呢？**

**职场最重要的沟通——向上沟通！**

管理沟通的四项原则:

（1）沟通是知觉。知道被沟通者所能够见到的事情，以及知道他为什么如此，这是沟通的前提。

（2）沟通是期待。先了解被沟通者所期望看到、听到的是什么才能制定沟通策略：是应该利用他既有的期望来与他沟通，还是需要借用"出其不意的震撼"来"唤醒"他，打破对方的期待，迫使他认清正在发生的、预料之外的事情。

（3）沟通产生需求。沟通总要诉诸某种动机，通过沟通，使被沟通者产生变化，做某些事，或相信某个道理。

（4）沟通与信息交换是不同的，单纯的信息传递并不能达到沟通的效果。

基于大师总结的沟通四项原则，我们可以思考适合自己的最佳的向上沟通方法。

以下4个动作要点供你参考。

## 第一个要点：与上司保持信息同步

不及时报告，就如同在黑箱中工作。上级只看到你进去忙碌，却不知道你是否有成果，谁能放心？

及时报告，就像是可视化餐厅。墙壁上的显示器显示厨房里的样子，食客们就能看到厨房的进展和卫生状况了。对于上级而言，将原本自己直接管理的工作托付给一线经理后，也需要了解一线经理的工作情况。

难道也要在一线经理办公室装监控吗？那倒不必，而且也监控不了。这里可以借鉴一个日本人发明的管理工具——"菠菜"。

## 菠菜？

菠菜，在日语中的发音是 Ho-Ren-Sou，正好是"报·联·商"这 3 个字的发音，是"报告·联络·商谈"的缩写。在 20 世纪 80 年代中期，这个概念在日本诞生，并且被广泛应用。

具体来说：

· "报告"就是汇报，向发布任务的人或者上级汇报事情的过程、内容和结果。关键在于把握合适的报告时机，筛选合适的报告内容，并且逻辑清晰地表达。

· "联络"就是沟通，在事情没有重大进展的情况下，也可以通过沟通的方法，让对方了解现状。联络就可以避免"黑箱"问题。不要因为没有了不起的进展就不沟通，没有进展也是进展。关键在于分享信息，让相关人员同步。

· "商谈"就是讨论、请教、请示。遇到难题、困惑的时候，向上级或者有经验的同事征求意见、寻求帮助，或者拿出自己的方案与这些人讨论，以完善方案。商谈的关键在于达成一致，通过讨论，最终与相关人员形成一致见解，有利于促进共同的行动。

# 汇报 · 沟通 · 讨论

**目标：让上司了解你的进展、想法，才有机会批准、支持你。**

## 第二个要点：让自己变得可见

作为上司的分身，分担上司的某些工作，但你却像断了线的风筝，自由翱翔，那样肯定不行，所以你必须留在上司的雷达图上才行。

保持可见状态，就需要你适时地发出信号，与上司保持联络。让上司知道，他安排你的工作，你做得如何了；让上司知道，你跟他的工作优先级排序一致。

**目标：让上司安心，你是一个值得信赖的"分身"。**

上司的雷达图

# 第三个要点：清除负面障碍

最近几次被 Felix 批评，Andy 都怀疑是 Jason 打小报告所致。一旦有了这种念头，Andy 就很难公平地看待 Felix 的批评了。

通过第三者传递信息，信息必然失真。虽然无法杜绝第三者传递信息，但若在第三者传播信息之前就与上司有了沟通，或者事后有细致的解释，就能大幅降低信息失真带来的负面影响。

具体而言，就是在向上沟通时，不要回避提及传递信息的第三方。通常上司不会喜欢听"八卦"和"抱怨"，如果你能正面给出合理的解释，就能清除这些障碍了。

**目标：通过沟通，消除不必要的误会和猜忌，才能更好地工作。**

# 第四个要点：把握最新动向

如果不经常保持与上级的沟通，就很可能会错失最新动向，导致不能与上级保持一致的关切。就像一列火车，离火车头越远的车厢，行动的反应越晚。理论上而言，如果每一级别都能紧跟上级，那是管理效率最高的状态。

所以，在向上沟通时，不能闷头做任务。在执行任务的同时，还需要不断了解上级的新期待、新动向，及时调整自己的步伐，成为上司最有力的"左膀右臂"。

**目标：及时了解上司的最新期待，做事做到"刀刃"上。**

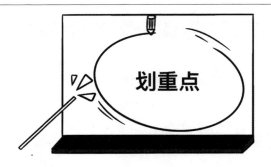

· 上司为什么会问你琐碎的问题？可能的原因有四种，并且处于不同的危险等级。最高的危险等级有两种：上司对你不满意，或者不信任。

· 消除上述危险的最佳方法就是改善向上沟通，有 4 个要点：

（1）与上司保持信息同步。

（2）让自己变得可见。

（3）清除负面障碍。

（4）把握最新动向。

**9**

# 有效激励：大权不在握，怎么激励部下？

"唉！这个月江苏又缺了一点！老黄还是跟不上，还得其他地区多做些才行啊！"

"估计 10 万元吧！我这边也尽力了，关键还是目标定得太高！年年要求 20%的增长，到哪里去找嘛！再说了，我们工资也没有增长 20% 呀！"

"老黄啊，这个月还缺多少啊？"

"Andy 啊，业绩就像挤牛奶，用力挤一挤，还是有的。但是，用力了，就伤到奶牛啦！这些客户的业务都是有计划的，怎么肯轻易调动呢？"

"Susan 啊，这个月你那边怎么样啊？能多做一点吗？"

Susan 向 Andy 挤挤眼睛，说："Andy 啊，你看有没有机会再给些激励政策？如果有好的政策，有些经销商就愿意多进货啦！"

Andy 很无奈，两手一摊："你知道的，这个都得 Felix 批准才行，一个两个客户的诉求很难处理啊！你看看，能不能跟他们进一步沟通一下？"

Susan 撇嘴："空手套白狼，难度太大啦！再说了，每个月都要冲刺，也没有实质性的好处……你别见怪，我也是实话实说……"

Andy 无语。

按照公司的制度，一线经理没有调整员工薪酬的权限，更不能以公司的名义承诺物质奖励，这一点让很多一线经理很苦恼。

Andy 满脸堆笑："领导，楼下新开的咖啡店，好像挺火的，给你带了杯美式。"

Felix 拿起来喝了一口："嗯，确实不错，谢谢啊！"

Andy："这年头促销花样越来越多，否则新店很难打响知名度。"

Felix："是啊，到处拉会员，搞积分活动。我觉得这个还是有很大风险，用户信息安全问题他们没解决。"

"领导，其实大家都习惯了各种促销，我们的客户也一样。您看，咱们要不要也加大些力度呢？"

"你有什么具体方案吗？咱们公司存货很少，促销前得有备货计划，这些都得考虑进去。"

"平时多跟市场部沟通沟通，多反馈一些市场情况，促销政策的设计要有创意、有吸引力才行。"

"销售们抱怨薪资跟不上业绩增长……我也不知道该怎么跟他们解释……"

"还有什么其他事吗？"

"薪资跟业绩自然有一定联动，但怎么可能是 1 : 1？这点常识都没有！格力电器年销售额是咱们中国公司的 50 倍，难道他们的薪水也该是咱们的 50 倍吗？人力资源市场跟工业产品市场是同一个市场吗？"

"谈薪水，是门艺术。我们公司的薪酬水平在行业的中上游，很有竞争力了！大家虽然抱怨，但你看有几个人是真的为了薪水而跳槽的？所以，抱怨薪水只是借口而已。你真正要了解的，是借口背后的真实问题！好好回去想想吧！"

## 关键问题：

- 薪酬回报是不是职场最大的驱动力？
- 有了驱动力，就能解决工作难题吗？
- 权限不足的一线经理，该如何激励部下？

## 问题一：薪酬回报是不是职场最大的驱动力？

回想职业选择的时候，你是怎么考虑的？

你考虑了很多要素：

- 希望专业对口，自己能胜任，最好还是自己喜欢的工作。
- "男怕入错行，女怕嫁错郎"，对行业的选择特别审慎。
- 最好是有名的大企业，既有面子，待遇又好。
- 希望能够在工作中学到新东西，自己可以不断进步。

……

希望很美好，但实际不可能尽善尽美。如果拿到两个或者以上的offer，比较之下，很多人忍不住就选择了那个薪酬比较高的。

择业参数与影响比重

优势　专业对口　企业知名度　价值观　薪酬较高　个人提升　感兴趣　行业前景

在职业开始的时候，薪酬回报是一个非常重要的指标。但到了职业发展阶段，情况就会发生变化。

长发女生："我想换工作了，每天累得死去活来，就这么点工资。哼，老娘不干了！"

短发女生："有新目标了吗？准备换什么样的工作？"

长发女生："有个猎头最近找我，高级经理，加薪70%。"

短发女生："条件不错啊！果断跳槽吧！"

长发女生叹气："可惜啊，也有问题！新公司在临港呢，实在太远了！如果天天来回，路上每天得花四五个小时呢！"

短发女生瞪大眼睛："这还真是个问题！那你回绝了？"

长发女生有点沮丧："我说需要考虑考虑……毕竟这是一家新公司，过去之后发挥空间很大。你知道的，我现在那位领导心眼比针小，啥事儿都盯得死死的，我们就是牵线木偶。这种日子我也受够了！"

232

很显然，随着职业的发展，薪酬回报不再是最重要的动力，其他因素的影响力会逐渐增大。

那人们还在乎什么呢？
答案是——因人而异。

美国著名社会心理学家——亚伯拉罕·马斯洛（Abraham H. Maslow）的需求理论是对于人类行为动机比较权威的研究。

人们需要动力实现某些需要，有些需求优先于其他需求。

——亚伯拉罕·马斯洛

**亚伯拉罕·马斯洛**

**1943 年，马斯洛提出了"5 个层次的需求理论"：**

· 最低级是生理需求：维持生存的必要条件，主要是物质需求。

· 第二级是安全需求：保障安全稳定，免除恐惧威胁。

· 第三级是社会需求：建立社会交往关系。

· 第四级是尊重需求：需要获得认可和尊重，主要是精神需求。

· 第五级是自我实现需求：释放潜能，发挥自我，完全是精神需求。

从低级到高级，经济刺激的效能是逐步降低的。

**1954 年和 1970 年，马斯洛又补充了 3 个层次：**

· 在第四级与第五级中间，增加了认知需求和审美需求，分别是对知识的好奇心、探索需求和欣赏寻找美的需求。

· 在原来的第五级之上增加了超越需求，就是要突破自己，追求超越。

# 马斯洛理论在职场激励中的应用

**第一级，生理需求：薪酬回报。**当员工的关注点在生存，比如交房租水电、攒钱娶妻买房时，自然最关心薪水。

**第二级，安全需求：给员工稳定的环境。**比如合理的劳动合同，良好的公司规章，五险一金，各种福利，这是员工关注的。

**第三级，社会需求：为员工提供社交与沟通的机会。**比如团队建设活动、公司旅行、亲子活动等，满足员工的社交需求。

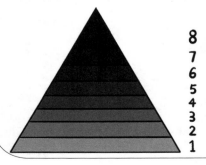

**第四级，尊重需求：往往重要的、有才能的员工更需要被尊重。**上级不该用一份工资打发这些员工，给予尊重，才能进一步激发这类员工的才能。

**第五级，认知需求：** 企业中有一些员工非常乐于接受新挑战，他们喜欢不断学习。一旦让他们重复劳动，感到自己没长进，不能在工作中学习新知识、新技能，这类员工就会产生倦怠感。对于这类人，需要提供学习机会的激励。

**第六级，审美需求：** 马斯洛总结人们对审美的要求有对称、井然有序、外观美、平衡。企业中也会少量存在这样一些员工，他们对工作有审美要求，所以上级需要提供这样的空间和平台，才能满足员工的审美需求。

**第七级，自我实现需求：** 对于处于这个阶段的人来说，要谈的是愿景、大计划，要提供的是施展才能的平台和机会。如果上司把下属当成牵线木偶，事事约束，那通常无法满足员工自我实现的愿望，从而会导致激励无效。

**第八级，超越需求：** 这已经是非常高的境界了，也是马斯洛晚年的研究发现。如果有人处于这种阶段，不断的自我实现依旧不能满足，如同越过高山后开始向往大海一样，那是一种无限的精神追求。如果应用到职场管理中，或许这种激励已经无法由他人提供，而是自我追求了。

判断薪酬回报是不是职场最大的驱动力，第一步就得判明：想要驱动的对象处于哪个需求层级。

只有明确了激励对象所处的位置，才有机会给出最合适的激励。

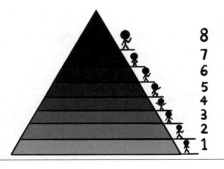

因此，薪酬回报不一定是职场最大的驱动力。
不同的需求，需要不同的激励。

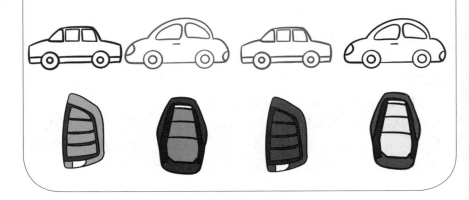

## 问题二：有了驱动力，就能解决工作难题吗？

"每个月都要冲刺，
也没有实质性的好处，
动力从哪里来？"

"没有20%的工资
增长，凭啥业绩年
年要增长20%？"

似乎对于老黄和 Susan 而言，薪酬就是驱动力，还变成了谈判的条件。那么，是否满足了他们的条件，他们就能交付结果呢？

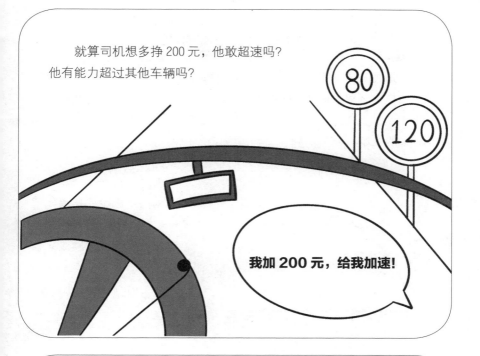

　　假设有了合适的驱动力，对于能否真正解决问题，还需要进一步考虑两个问题：

　　（1）驱动力的大小。多少合适？可以维持上一次的水平吗？能随机或者变小吗？还是要持续变大呢？

　　（2）被驱动者的知识、能力是否足以支持他解决这个难题？人有多大胆，地一定有多大产吗？

# 边际效用递减法则

这是经济学中的一个基本概念，在管理中也值得借鉴。经济学家们用效用概念来解释消费者的需求。每增加一个单位的消费所得到的满足程度的增加就是边际效用。然而，规律就是，边际效用趋于递减，随着消费量的增加，对应所得到的满足增量是会降低的。

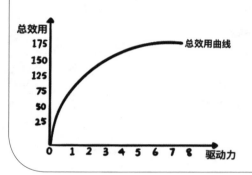

职场的驱动力也一样，同一种驱动力所产生的推动作用的增量也是递减的。一个表扬、一个奖励，它们的激励效果也是会衰退的。

同样是一个单位的驱动力（比如一个红包），驱动效用也是在变化的，效用会越来越低。所以，如果想要维持与之前一样的效用，就需要增大驱动力（加大投入）。

老黄拿到红包，开开心心地去工作了。

但是，很快，他就碰壁了。

动力十足，怎么出问题了呢？

介绍一位大咖：福格教授(BJ Fogg)，斯坦福大学行为设计实验室的创始人。他深入研究人类行为超过 20 年，提出了著名的福格行为模型：

## B = M A P

其中，B ( behavior ) 指行为；

M ( motivation ) 指动机，是做出行为的欲望；

A ( ability ) 指能力，是去做某个行为的执行能力；

P ( prompt ) 指提示，是提醒你做出行为的信号。

福格

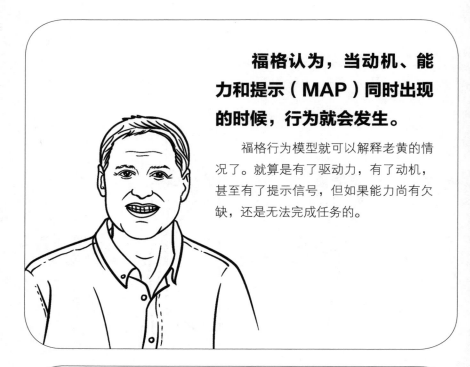

**福格认为，当动机、能力和提示（MAP）同时出现的时候，行为就会发生。**

福格行为模型就可以解释老黄的情况了。就算是有了驱动力，有了动机，甚至有了提示信号，但如果能力尚有欠缺，还是无法完成任务的。

另外，我们在管理培训课上经常听到的能力意愿四象限模型也能解释老黄的情况。驱动力可以理解为意愿，就算意愿高涨，也不一定能进入第一象限——完美搞定任务。如果能力不足，还是会落入第二象限——有困难需要帮助。

### 能力意愿四象限

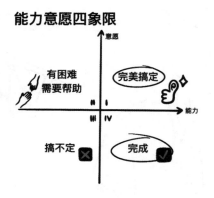

无论是福格行为模型还是能力意愿四象限模型，其中都体现了能力和其他因素的重要性，仅仅有动机或者意愿是远远不够的。

　　所以，管理者不必盲目激励，不要以为激励包治百病。

　　更不必将失败的结果归咎于激励不足，可能只是所托非人。

　　不要把激励工具错当成最顺手的"锤子"，更不要把所有问题当成"钉子"。

错误配对

## 问题三：权限不足的一线经理，该如何激励部下？

　　理想中的经理一手胡萝卜，一手大棒，这样就能恩威并施，不怕手下不听话了。

然而现实很骨感：一线经理，手里没有大棒，更没有胡萝卜，两手空空。

不仅一线经理本人苦恼，下属们也因此无所顾忌，搞得大家都缺乏动力。

"跟他说涨工资，也就是逗他玩玩，他又没权限的。"

"可不是嘛！你这么一说，倒是把他给憋回去了。"

"一线经理没有决定权。但是，对上有建议权，对下有指导权。胡萝卜和大棒，都可以自己造！"

# 一线经理激励流程图

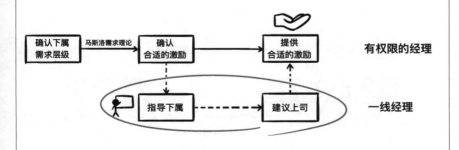

咦？为什么一线经理要有更长的流程？

一线经理与有权限的高阶经理不同。

作为一线经理，要找准自己的位置：作为上司的帮手、分身，一线经理介于全职实务者与全职管理者之间，处于管理生涯的低阶锻炼期，没有直接完整的权限。

一线经理的工作成果不再仅仅是通过自己亲自做去获得，而是通过下属和团队的努力去获得。但还没有到完全脱手的程度，一线经理要掌握大量一线工作的信息和进展。

所以，一线经理的激励流程有自己的特点，那就是加入两个小步骤：

（1）指导下属。帮助下属分析问题，找到解决方案，使其满足被激励的条件。

（2）建议上司。帮助上司查明有效激励手段，提升管理效果。

如果按照一线经理激励流程图走一遍，Andy和老黄的故事就不一样了。

老黄："指标不合理，所以完成不了业绩。"

Andy："指标怎么不合理了？"

老黄："指标每年涨 20%，工资没有跟着涨啊！"

Andy："给你工资涨 20%，你就能完成指标了？"

老黄："那是当然！"

Andy："按照这个逻辑，如果减少你的指标，工资可以下调？"

老黄："下调怎么行？这样多伤心啊！怎么跟家里交代嘛！"

Andy："那要不把你的增量指标和部分客户一起转给其他愿意承担的同事？"

老黄激动了："转给谁？那怎么行！"

Andy："有 3 种方案，你可以想想：第一，坚持要求涨薪，那你不但需要完成 20% 的增量任务，还得有额外的贡献，向公司证明你的价值；第二，去掉增量任务，重新划分责任区域和客户；第三，解决实际问题，完成增量任务，我会尽力帮你争取合适的资源。"

老黄思考。

Andy："不如你实话实说吧，到底哪里有困难？"

老黄："……"

员工表面的诉求可能只是虚晃一枪，只是一个借口，需要进一步引导和剖析，才能找到背后真正的问题。

　　很多时候，员工都喜欢用薪酬回报作为前进动力。这个时候，一线经理就要提供适当的沟通指导了。

薪酬回报=f（经验，能力，体力，外部环境，其他）

　　经理需要提醒员工和自己，从不同维度去思考薪酬回报的意义。

　　站在雇员的立场，要考虑薪酬回报的决定因素，思考自己该做些什么。

　　主要决定因素有三类。

　　（1）与个人直接相关：经验、能力、体力等，这些要素的情况直接决定了个人对企业的贡献度；贡献度与薪酬正相关。

　　（2）与外部环境相关：比如企业的性质、行业情况、社会行情等，会影响薪资水平；行情的影响可能是正面的，也可能是负面的。

　　（3）其他次要因素：谈 offer 的时候没把握好，起点低了；附加补贴没谈到位；等等。这个需要未雨绸缪。

站在雇员的角度，薪酬回报也可以看成一个动态的综合打分，是一种"产出"指标。

　　而"投入"就是你需要付出的提高自身实力（包括能力、经验）的精力和时间。

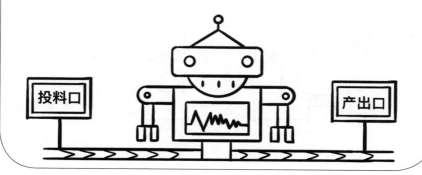

　　当员工对产出有很大的期待时，一线经理们不妨提几个问题让他们思考一下：

- 你是否愿意为了更高的"产出"而加大"投入量"？
- 你是否希望提高投入产出比，并为此提升自身实力？
- 你有怎样的"产出"目标？又有怎样的"投入"目标？

同时，我们需要告诉员工真相：企业是如何看待薪酬的。

　　**企业的逻辑：薪酬是企业的成本，成本的必要性和合理性需要被考核，企业力求支出最低。**

不要想当然地以为公司会愿意提高用人成本，任何提高成本的决策都附带着公司对于更大回报的期待。

　　作为一线经理，我们跟自己的部下就是伙伴关系，我们要让伙伴真正知道游戏规则，放弃幻想。

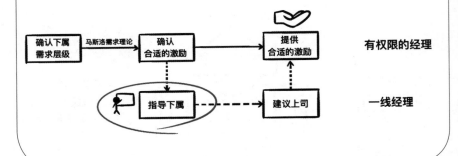

　　作为承上启下的中间层，一线经理疏通、指导了自己的小伙伴之后，就该向上建言了。

　　向上建言的姿态：**不是"民意代表"，而是上司的场外记者。**

# 千万不要成为"民意代表"！

·你之所以成为管理层的一分子，不是民意选举的结果，而是上级的提拔认可，要记住自己真正服务的对象。

·不代表民意并不意味着不关心民意，要保持自我判断力，不要被其他声音所左右。员工们都抱怨"996"，于是你代表民意向高阶管理层抗议，你觉得会成功吗？

·一旦成为民意代表，你的建言效果就会打折扣，会被习惯性地认定为思虑不周，影响个人信誉。

要以上司场外记者的身份，搜集信息，反馈信息，提出好办法。

·这样就有了正确的立场：你用的是管理层视角；

·你的观察、提供的信息更容易被上司所接受；

·建言被采纳的次数越多，越能提升个人能力以及在上下级那里的信赖度。

如果员工需要薪资激励，而你已经完成了"指导下属"的步骤，你已经让他明白了，**需要先证明自己的价值，才能得到自己的期待。**

这个时候你就该向上司报告：

- 你对这位员工的观察和引导。
- 将员工的进步报告给上司。
- 在考核中给出公正的评价。
- 提醒上司关注该员工的表现。

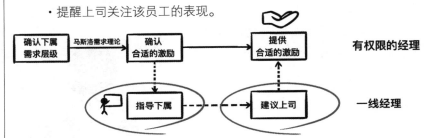

经过这番操作，头脑清醒的上级大概率都会认可你的方法，并支持你的提议，向该员工提供合适的激励。

# 激励失效

有的时候流程很明朗，可是往往走着走着，就绕进去出不来了，会出现各种问题，这就是激励失效。出现这种情况时需要重点关注三个方面。

**（1）不公平的激励。**同样的工作，不同时间的激励不一样；同样的工作，对于不同人的激励不一样；同样资历的员工，得到的激励不一样……不公平可能是客观上的不同，也可能是员工主观感受的不同。一旦让员工产生了这种感觉，就影响激励效果了。

"上次小张被老板在全公司中表扬，这次我却只得到一杯老板的咖啡，太不公平了！真小气！"

（2）**过于依靠激励，使员工产生惰性。**激励与常规工作安排混淆，使员工养成不激励不额外工作的态度。激励成了常规回报，就起不到刺激作用了。

（3）**无法兑现的激励。**这往往产生在一线经理身上。由于权限问题，一线经理只能以"帮忙争取""向领导汇报"等方式做暂时承诺和鼓励，但若是承诺不当或者向上报告出了状况，导致最终无法兑现，就会使激励失效并产生反作用。

划重点

· 薪酬回报不一定是职场最大的驱动力。不同的需求需要不同的激励方式。

· 找对了激励方式，也不一定能解决难题，还需要员工具备匹配的能力。管理者不必盲目激励，不要以为激励包治百病。

· 一线经理要找准自己的位置，走专有激励流程。

· "指导下属" "建议上司" 是一线经理应该主动承担的责任，也是在权限不足的前提下，实现激励部下的必要环节。

· 避免激励失效的关键在于不轻易承诺，一线经理要掌握合适的尺度，合理激励。

**10**

# 人才理念：能力强的部下，怎么管？

"Andy, 上海 KKL 申请增加 30 万元授信，Felix 已经同意了。"

"什么？增加 30 万元授信？我没记错的话，KKL 本来就有 30 万元了吧？而且上个月总进货额也不到 30 万元吧！Felix 怎么可能同意？"

"你不信，自己去问 Felix 啰。"

"KKL 是非常有潜力的客户，他们在谈一个大项目，如果成功的话，未来 5 年的业务就不用愁了，跟咱们的合作也会增加到当前的 3 倍！"

"这是好事！不过，既然如此，就等它们业务做大后再增加授信也不迟啊！现在着什么急啊？"

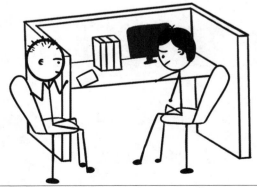

"眼下 KKL 同时跟几家公司合作，我们给的支持越多，它们将来越会倾向于我们，我们的份额也会更大。现在主动表示友好，不都是为了将来更好的合作吗？这么简单的道理，你不至于想不通吧？！"

哼！确实应该支持！但是，Jason 这小子怎么可以先斩后奏，先去报告给 Felix 呢？现在算是来通知我的吗？真是气人！

"财务那边我也打过招呼了，现在就差你的签字了。回头签完了，我就送去财务，很快就能进系统。我下午就去找 KKL 的采购总监 Thomas。Thomas 这个人挺风趣的，跟一般的德国人不太一样，帅啊！"

"好，我知道了。我看一下，你先去忙别的吧。"

正好这个时候 Felix 路过，听到 Jason 的声音过来了。

"财务部今天有活动，资料送去晚了今天就入不了系统了！商场如战场，要快啊！"

Andy 很不情愿地在申请表上签了字，Jason 拿着表格高高兴兴地离开了。

得了，只能屈服了！

这个Jason，一次次越级汇报，我在他这里就成摆设了？

这样被迫审批签字，简直就是屈辱啊！

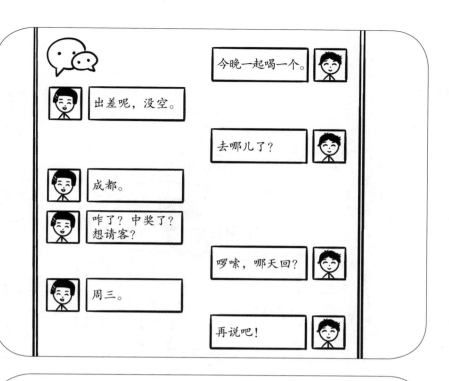

John 过来找 Andy："Andy，今晚我们订了场地，你要不要一起？"

Andy："最近感觉有点累，就不参加了。"

John："也是，我也好久没去打球，浑身酸痛呢！不过，去运动一下，出点汗或许反而会舒服些。"

Andy："你最近报价单不太出错了，挺好，在进步啊！"

John 笑笑："之前总是很匆忙，最近刻意放慢速度，效果反而更好！"

Andy 也笑了："哦？怎么突然有这样的觉悟了？"

John："还是 Jason 提醒我的。他说关键动作要迅速，其他时候莫慌张，欲速则不达！"

"又是 Jason！" Andy 心中气愤，忍不住脸色又变了。

Andy："这么说，Jason 还挺热心的？"

John："其实他挺高傲的，主要是业绩太好，没得话说！他一般话不多，不过每次看到 Felix 就滔滔不绝，好像他手里永远都有新的案子值得汇报。"

Andy："你看到他经常找 Felix 报告了？"

John："他一向如此啊！"

John 又喝了一口水，有点犹豫，说道："就是刚刚宣布你升职那段时间，他情绪比较低落，好像没怎么说话。不过，很快就恢复了，喜欢向 Felix 秀肌肉。"

"你平时见到 Felix 都聊些啥呀？跟他讲业务吗？"

"他不问我干吗讲呢？人家 Felix 现在升上去了，是更高职位的领导了，每天要忙很多事情。我们手里那点鸡毛蒜皮的事情，没必要打扰他。再说，有你在呀，要报告要商量自然找你呀！"

## Andy 的困扰

- Jason 经常向 Felix 直接汇报，是否合理？
- Jason 的目的是不是要取代自己？
- Felix 会不会也这么想？
- 对于 Jason 这样的下属，怎么样才管得住？

## 从 Andy 的困扰到职场通用问题

- 团队中有能力特别强的部下好不好？有没有风险？
- 能力强的部下经常越级汇报，是不是对一线经理威胁很大？
- 对于有野心、有能力的下属该采取什么策略？

**思考一：团队中有能力特别强的部下好不好？有没有风险？**

**什么样的团队最好？**

领导带头型

团队共创型

# 木桶定律

　　这是一个很多人都耳熟能详的理论。说的是一个木桶能装多少水，取决于木桶上最短的那块板，那块板就是下限。木桶定律常常被用在管理研究中，解释一些现象，支持一些观点。

　　过去的不少观点认为，木桶定律可以解释团队的综合实力取决于团队中最弱的那位，所以，人们应该专注于改善缺陷、短板。

　　因此，团队中是否有能力特别强的人，这一点并不重要。就算有长板的存在，也无法增大木桶的储水量。

　　事实果真如此吗？

　　不得不说，木桶理论只是简单形象地向人们指出关键问题：不要回避关键短板，根本提升实力在于弥补短板。

让我们换一个角度看这个有着长短板的木桶，如果要使短板变长，有哪些方法呢？

（1）换掉短板，替换上跟其他板差不多长的板，在团队中也就是换人。

（2）修补短板，给短板接上一块。拿什么来接呢？公司提供更多资源，帮助短板人员。

（3）从长板上锯下一块，接在短板上。那就是团队内部协作的效果了，对公司而言，投入的成本最低。

如果团队中有能力特别强的队员，那么就可以选择第三种，通过改善团队协作，内部解决问题。

这不仅仅是理论，实际中也是如此。不可否认，在某些情况下，能力强的员工在团队中做出了更多的贡献，比如承担了更多的绩效指标，或者承担了更多的复杂任务，从而使整个团队达到动态平衡——在相同的时间段内，每个人按照各自的效率工作，结果有多有少，但拼在一起，就可以满足团队总目标。

**团队之饼**

这是怎么回事呢？

"不对，我们团队那个最牛的家伙很自私，斤斤计较，他才不可能多出力呢！"

"可不是，那些自命不凡的牛人根本不屑于团队工作，也都嫌麻烦呢！"

还记塔克曼模型吗？团队发展的不同阶段有不同的特点，领导者应该采取不同的策略。在这些不同的阶段，团队成员之间的关系也是不同的。

在进入第三阶段"规范期"之前，团队要经历"形成期"和"震荡期"。在这两个阶段，团队合作的方式还需要摸索，各种摩擦都会出现。此时，能力强的成员就可能给其他成员带来巨大压力。

所以，团队中有能力特别强的成员，可以变成好事，但这并不是自动发生的，需要团队领导有意识地协调和引导。

## 思考二：能力强的部下经常越级汇报，是不是对一线经理威胁很大？

# 为什么能力强的部下喜欢越级汇报？

（1）能力强，想法超前，急于获得上级的认可，就会促使能力强的部下越级汇报。

申请资源

（2）对直属上司的不信任、不认可，导致能力强的员工自视过高，于是更倾向于越级汇报。

（3）因为表达条理清晰，内容有创意，上级也会比较容易接受能力强的部下的越级汇报。

"领导，我有个想法……"

"很好，很好……"

## 被越级汇报，是不是对一线经理的威胁很大？

所谓威胁，或许是职位上的威胁。但更准确地说，应该算是副作用。会有哪些副作用呢？

（1）信息落后，不能及时给予评价。下属与上司分享了一些自己不知道的信息，作为上司帮手的一线经理就无法及时评估并给出恰当的反馈。

（2）会给上司留下一线经理管理能力不足的印象，如果偶尔发生，也无伤大雅；但如果频频发生，并且发生在多个下属身上，就可能引起上司对一线经理的失望。

（3）如果经常发生，会给其他下属做出不良的示范，让一线经理的威信打折。

所以，是否会产生威胁取决于越级汇报发生的次数和人数，而不是必然的后果。

**临界次数（经验值）：短时间内（比如1个月内），同一件事情被越级汇报不超过3次；同一个人越级汇报的事件不超过3件。**

**临界人数（经验值）：短时间内（比如1个月内），越级汇报的部下不超过2人。**

## 思考三：对于有野心、有能力的下属该采取什么策略？

有能力的下属，通过不断越级汇报等行为，显露其"野心"。那么，面对这样的下属，一线经理该采取什么策略呢？

**常见的策略有 4 种：**

（1）**支持**。这是带有积极情绪的主动行动策略。通常能力非常强、对自己非常自信的经理，会懂得欣赏并且用好有能力的部下，实现共同发展。

（2）**放任**。这是一种不作为的行动策略。通常对自己非常自信的经理，面对自己不喜欢的部下，如果确认对方不会有太大作为，就会采取这样的策略。这种情况下上司是比较笃定的，部下也能找到自己的机会。

（3）**冷处理**。这是一种消极的不作为策略。相比放任，情绪更消极，通常是经理非常厌恶自己的部下，就不会提供机会，任其"自生自灭"。

（4）**打压**。这是一种带有消极情绪的主动行动策略。通常经理对自己信心不足，感觉到部下强大的威胁，但又强烈想保住自己的位置，就会采用打压的方式。经理占据有利地形，剥夺机会，压制部下。这种策略的结局往往是"一人出局"，胜负难料。

---

对于 Jason，Andy 该采取哪种策略呢？

**第一步，评估两人的实力。**之所以 Felix 之前提拔的是 Andy，大概率 Andy 的综合实力胜过 Jason，至少 Andy 比 Jason 更适合华东区经理这个职位。

**第二步，看经理的自信程度。**如果自信程度高，可以选择策略（1）和（2）；如果自信心不足，则选择策略（3）和（4）。Andy 对自己的信心还不足以抵消他感受到的来自 Jason 的威胁，两者处于某种拉锯状态。所以，Andy 无法决定选择何种策略，他还需要进一步权衡利弊。

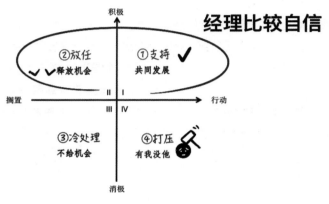

**第三步，权衡利弊。**Jason 的越级报告以及与 Felix 的沟通较多，除了 Jason 爱表现以外，还因为他们原来是直接的上下级关系，比较熟悉。

对于这样的 Jason，Andy 若采取（3）（4）两种消极情绪的策略，不仅不能保证胜算，还会体现出管理上的不成熟和缺乏包容性，对 Andy 不利。

那么，如何在策略（1）和（2）之间选择呢？

选（1）是最阳光的，最受到赞扬的。但是，盲目选（1）假装大度也有一定的风险，如果 Andy 带着小心眼却强迫自己选（1），反而会在新的变化中落入下风，被取代和超越。如果不想看到这样的局面，选（1）必须配上领导力的修炼提升。

Andy 给 Felix 递上一杯咖啡，笑着说："刚刚从楼下带上来的冰咖啡！又开了一家新店，味道也不错。"

Felix 抬头："谢谢！下回我请你！"

Andy 笑着回答："我蹭您的咖啡还少吗？以前一起出差，我从来没花钱买过一杯……"

Andy：“有件事情，想报告一下。我想略微调整一下团队的负责区域，把之前我负责的直接大客户转交给其他人，这样我可以腾出手去研究一下业务策略。”

Felix：“嗯，也差不多是时候了。”

Andy：“不瞒您说，老黄几乎每个月都有业绩缺口，多少总是差那么一点儿。每个月我都要协调其他人多做一点，弥补缺口。这样下去不行，我很担心江苏市场，准备跟老黄一起深入研究一下！”

“我研究了一下，如果按区域分，Susan的任务有点过重，我觉得她很难接下来。所以，6个大客户，老黄、Susan、John，每人分1个，剩下的3个都交给Jason。一方面Jason有意愿，您知道的，他对扩大工作范围很感兴趣；另一方面，他也比较能干，让他做比较放心。”

“你的大客户准备怎么分？按区域分？”

"你的分析有些道理。但是，这样的分配，你是否考虑过每个人的任务总金额？我记得 Jason 的总额本来就是最高的，现在这么一来，他就遥遥领先了。这样恐怕他更要自命不凡，更冲动了。"

原来 Felix 也看出 Jason 的问题了。

Andy："确实！他现在就不太愿意搭理其他人，如果任务进一步做大，估计他就真的膨胀到无法沟通了。这件事情我再想想，回头再来报告！"

Felix："嗯！另外，你要多关注一下 Jason 的工作动向，不要事事依赖我。Jason 动不动就来找我报告那些新项目，这些你要多关心才对。"

Andy："好的，我会注意的！"

Andy："这几个月江苏的市场表现有些疲软，我打算跟老黄一起深入调研一下。原来我这边直接管理的 6 个大客户，准备分配出来，想听听你的意见。"

Jason 思考了一下，回复道："这事儿我前面也想过，你早晚会把这些大客户转出来的。要说呢，按区域管理比较方便，不过这样 Susan 的工作量可能太大，估计她会有意见的。我倒是不怕工作量大，不过我接下的话他们可能也有意见。不过话又说回来，这些客户已经很稳定了，日常管理交给 Cici 跟进，客户关系嘛就让区域跟进，这样应该也能管理好。"

Andy 笑了："果然，找你商量算找对了！"

Jason 也笑了。

确认了 Felix 对 Jason 的看法后，Andy 决定选择策略（1），要跟 Jason 共同发展。

管理能力强的部下，需要正面的激励，有几个关键点：

·表达认可：认可他的优势、能力和贡献，及时表扬和肯定。

·表达尊重：通过倾听意见，提供专门的发言机会等，私下或者当众表达对他们的尊重。

·提供机会：给他们提供施展才华的机会，让他们获得成就感。

·公正的评价：公正的评价也是另一种表达尊重的方式。

·发挥领导者的人格魅力，以德服人，建立信任。

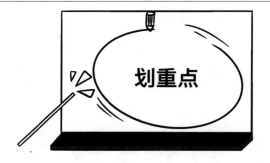

·能力强的部下是一种优质人力资源，恰当地进行协调和引导可以弥补团队短板，帮助提升团队的整体水平。

·能力强的部下越级汇报，不一定会对经理产生威胁，这件事情的性质取决于越级汇报的频率、人数等具体指标。

·常见的四种人才处理策略，还是应该以积极策略为主。

·管理好能力强的部下，关键在于合适的激励。追求强强联合既符合企业对利益最大化的追求，也符合个人的职业发展需求。

**11**

# 向上沟通：越级汇报，
# 怎么做？

以积极心态面对能力强的部下所做的越级汇报。

那么，如果自己被要求做越级汇报之时，该表现出什么姿态呢？指望直接上司心胸开阔地接纳一切吗？怎么做合适呢？

"前三季度Ⅰ区的业务完成率为110%，超额完成了任务，比去年同期增长了32%……华东区新任经理Andy，虽然今年刚上任，但凭借商业敏感度，及时发现并解决了江苏市场的问题，使得华东区有了40%的增长……"

"Andy，好样的！"

"我们还会
继续努力的！"

"江苏那边具体
出了什么问题呢？"

"咱们的竞争对手 DX 私下搞定了我
们经销商 PRL 的员工，给了提成承诺，所
以 PRL 那边有几个月都没有货物流动。这
次 Andy 他们查到了这个问题，跟 PRL 的
张总经理沟通，张总才恍然大悟，发现了
自家员工腐败的问题，及时出手解决了！"

"你是怎么查出
这个问题的呢？"

"江苏市场疲软，我们发现不对劲。于是找出去年的进货数据比对，发现了几家异常的客户，然后就去当地蹲点观察，顺藤摸瓜，找出了问题所在。"

"年轻人，很细心！这是个好的开始，继续加油吧！"

"都是您领导有方！
这次调研，老黄也很尽心。
那个 PRL 的员工就是被老
黄给诈出来的。"

"这一次你在 Joe 那
里长脸了！功夫不负有
心人啊！干得漂亮！"

"今天是我上任以来最高兴的一天。今天我们小组被公司表扬了！这都是大家齐心协力的成果啊！今后咱们继续努力，一定能取得更好的成绩！"

"被表扬是很开心！不过，每个月都这么拼命，我可吃不消！"

"这次老黄功不可没！来，我敬你一杯！"

一群人就开始喝上了。

"Andy，你太客气了！这次跑市场你也辛苦了！大家都不容易，算是对得起公司了！"

"是啊！大家一起干杯吧！"

这一次，Andy 总算做出了成绩！值得庆贺！

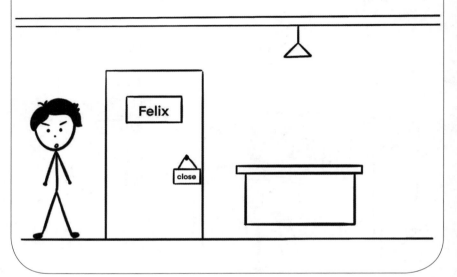

Andy 经过 Felix 办公室门口，Felix 办公室没有开灯，门也紧闭着。

"你觉得新街口 SS 商场的汽车超市怎么样？有没有前景？咱们值得进场吗？"

Andy："SS 商场在新街口，人流量倒是挺大的。不过，汽车超市在地下一层，不是客户进入商场的必经之路，所以展示效果不好说。"

Joe 点点头："商铺位置很重要！华东至少得找出 10 个候选商铺！"

Andy 赶紧记下来，嘴里说："好的。"

Andy 站在 Felix 办公室门口，回头对 Felix 说："对了，Joe 说让我们在华东找 10 个候选商铺。"

Felix 急了："什么？10个？那么多？开玩笑吧，原计划就5个吧！他到底什么意思啊？"

Andy 很无奈，摇摇头："我也不知道啊！"

Felix 坐在椅子上，不耐烦地挥挥手，让 Andy 离开。

Andy 这是得罪 Felix 了吗？

到底 Andy 做错了什么呢？

## 老话说得好：越级汇报，乃职场大忌，千万要远离！

· 为什么越级汇报有问题？都是自己公司的人，分享信息有何不妥？

· 是否存在不可避免的越级汇报？该怎么做？

· 如何管理越级汇报的结果？

## 探索一：为什么越级汇报有问题？

所谓越级汇报，就是打乱了原有的汇报路线，向上司的上司直接报告的情况。打乱管理层级的信息流动规律，就会引发新的问题。

为什么呢？其实很容易理解。

你报告的信息就像一篮子花草，而你上司会收到好几个不同篮子的花草。你的上司不会把这些花草全部交给他的上司，而是会挑选一些插入花瓶。于是，上司的上司得到的只是一瓶花草。

如果你直接将一个花篮交给上司的上司，这个内容与花瓶不完全一致，就会引起摩擦和不理解，从而引发问题。

## 那么下属为什么要越级汇报呢？（参考上一章）

（1）下属为了表现自己，主动越级汇报，向高层展示自己的能力、眼光和忠诚，期望得到赏识。

（2）下属急着解决问题，直属上司不在的情况下，越级找更高层帮忙。这种现象往往出现在经验不足的年轻员工身上。

（3）高层急于知道答案而直接问话，如同 Joe 找 Andy 的这种情况。这时的下属是被动的，也很难避免，只能回答。这种情况下最考验下属回答问题的能力，其后续影响也是可大可小的。

越级汇报就像玩火，把握不当，就会伤及自身。

# 越级汇报会产生什么影响？

### 1. 主动展示型的越级汇报

这是下属主动争取机会的做法，试图险中求胜。

为什么是冒险呢？试想一下，如果这个下属确实优秀，而上级却从未看到，可能的解释有两种：一种是上级的问题，没留意人才；另一种是夹在他们中间的那个管理层有问题，抹杀了下属的功劳。无论哪一种，都是上级的问题。揭露上级的问题，你认为他的心情会如何？

但如果这个下属其实很普通，只是自我感觉良好，那么他越级汇报后更暴露了自己的无知和短板。相当于在自己还没有成长到位的时候就提前去参加考试，落榜也在情理之中了。

所以，主动展示型的越级汇报，风险太大，不推荐！

## 2. 急于解决问题的越级汇报

比如突然接到一个十万火急的客户电话，要求领导拍板回复，若直属上司恰好不在，急于解决问题的下属就会越级找更高层领导。

这种越级汇报情有可原，或许对于解决当时的问题有帮助，但可能也会产生不良影响。因为更高层领导本来并不了解详细情况，却被迫直接处理本不该他处理的工作，你觉得高层领导心里会踏实吗？他会质疑你们上下级的能力，为什么搞得火烧眉毛，如此狼狈？为什么没有预案？

所以，连同中间层那位，都会受到连累，令上级领导不满。

## 3. 被动型越级汇报

这种情况下，下属比较无辜，如果不回答，会被大领导认为能力或工作态度有问题，或者跟自己的上司搞小团体，故意隐瞒不报。这么做，显然不明智。

但回答得不合适，就会引发更多的问题。就像 Andy 将自己的猜测报告给了 Joe，就给自己的上司 Felix 惹麻烦了。

那么，如实回答算不算合适呢？

不一定！从"花篮"到"花瓶"，下属自然不知道上司修剪和调整了多少，如果继续向上司的上司报告"花篮"的内容，势必导致信息错乱矛盾，会出问题的。

太难了！求求你，大领导，离我远一点吧！

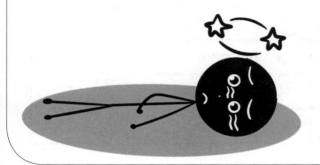

## 探索二：作为一线经理，能不能越级汇报？

有时候，越级交流也是不可避免的。

所以，逃避不能解决问题，还得迎难而上。

# 越级汇报策略

## 第一步：根据知情者情况与内容的判断，给信息分类。

### 信息分类表

| 自己知道 | 上司已知 | 上司的上级已知 | 越级沟通/汇报 | 内容 |
|:---:|:---:|:---:|:---:|:---|
| ✓ | ✓ | ✓ | 可以交流/汇报 | • 已经确定的好消息<br>• 正常的工作进展<br>• 积极表态，等等 |
| ✓ | ✓ | ✗ | 不确定是否可以汇报 | • 不确定的消息<br>• 工作中的困难<br>• 客户的刁钻，等等 |
| ✓ | ✗ | ✗ | 不可以汇报 | • 告状<br>• 消极的态度<br>• 上司不知情的内容 |

## 第二步：不同类型的情况采取不同的策略。

**情况一：** 可以越级交流/汇报的内容，往往是那些已经确定的好消息，正常的工作进展，或者比较积极的工作表态，等等。

**报告的策略是简单汇报**，不要喧宾夺主。毕竟，正常来说，哪怕是好消息，也该由你的上司向上级报告。

**情况二：** 不确定是否可以越级汇报的内容。比如不确定的消息，道听途说的事件，负面的进展，困难、问题，等等。这部分内容最好不要直接汇报，如果被问起，就请求延迟回复。比如向上级说明，事情需要进一步确认后再报告。这个延迟就是为自己争取向直属上司请示的时间。

**情况三：** 不可以越级汇报的内容。比如告状，自己的负面心态，其他部门的问题，等等。这些内容坚决不能报告。在偶尔跟上级的沟通中，如果过分暴露负面问题，会给你的直属上司带来麻烦，也会使上级对你产生负面印象。

## 第三步：事后向直属上司说明。

第三步很重要，不能跳过。你需要将自己这次越级汇报的内容再汇报给自己的上司，让他对这些内容做到心中有数。Andy 跟 Joe 的对话结束后，没有第一时间告知 Felix，导致后面 Felix 在跟 Joe 沟通时很被动，这就不可取了。

"领导，Joe 刚才叫我去他办公室，问了南京新街口的进场的事情，我跟他说了……其他还没确定的都没报告，等您先确认吧……Joe 还交代了一件事……您看需要我跟进吗？"

作为一线经理，也加入了管理层的团队，与不同层面的上级交流的机会也会逐渐增多。完全避免越级汇报是不现实也是不合适的。

如果处理得当，给上级们留下好印象，这对个人职场发展是加分项；否则，得罪了顶头上司，还给上级留下负面印象，就是职场败笔了。

## 探索三：如何管理好不可避免的越级汇报？

越级汇报是个有难度的技术活，应该敬而远之。但是，正因为越级汇报不可避免，所以要管理好每一次越级汇报，这样才能为自己的职场发展加分。

该怎么做呢？

先复习一下该怎么沟通。

管理沟通的 4 项原则：

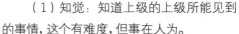

（1）知觉：知道上级的上级所能见到的事情，这个有难度，但事在人为。

（2）期待：了解上级的上级的期待，这个重在平时积累。

（3）需求：想清楚自己的目的，希望通过沟通达成什么结果。

（4）避免单纯信息传递，搞不好就成了新问题的导火索。

四项原则在心，就进入实操了。

**首先，要做好准备。**

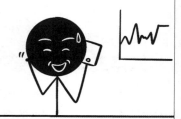

有准备的人，身边有很多资料，掌握了充足的信息。面对上司，可以应答。

没有准备的人，打电话聊天炒股，不了解工作。面对上司，只能挠头。

"知觉""期待"都需要大量的信息和资料，时刻准备好吧！

**其次，如果谈到问题，必须带着方案；如果谈到观点，必须带着数据。**基于事实报告工作，展示自己思考的结果，会更容易得到上级的认同。

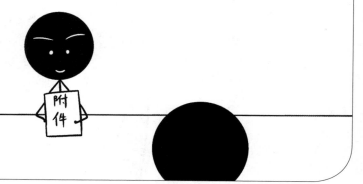

**最后，注意闭环。**如果在越级汇报中领了新任务，那么必须完成。完成结果一定要再度报告给上级。这个环节，操作起来通常比较难。

**理想流程：逐级上报**

上司对待这个"结果包"的态度，可以参考"管理策略表"。如果上司对部下是"支持"策略，很大可能会走理想流程，或者直接让下属回复上级；如果上司对部下是"打压"策略，那么结果必然不能顺利反馈给上级了。

**现实情况：中间可能有状况**

**反省：职场中很多遭遇都与自己的表现有关。上司采取什么管理策略对待你，一方面取决于上司的性格和格局，另一方面也是考验你的表现和维护关系的水平。**

　　Andy 递给 Felix 一份文件："领导，Joe 说的华东区的 10 个候选商铺，我们已经找了。一共找了 12 个，除了上海、杭州、南京这些城市，还有苏州、无锡、绍兴、厦门这些，具体位置和竞品分布信息都有。您选一下吧，看看要报上去哪 10 个……"

　　Felix 满意地点点头："很好，很仔细。上海和杭州数量比较多，各去掉 1 个吧。这样，你给 Joe 发邮件说明吧。老板交代的工作还是得认真完成。"

　　Andy："好的。"

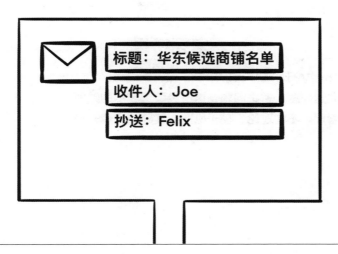

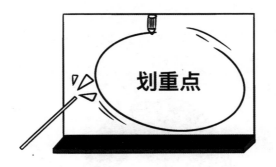

- 越级汇报的负面影响比较大，是职场禁忌。
- 产生越级汇报的原因，大致可以分成三类，分别会产生不同的影响。
- 一线经理应该辩证看待越级汇报，不主动越级汇报，但要能妥善应对。
- 越级汇报根据内容的不同，有三种策略。
- 把握越级汇报的机会，可以将挑战扭转为职场机会。

## 未完待续

**Andy 升职 90 天的故事，先讲到这里。**
**遇到问题，解决问题，这些经验是宝贵的财富。**
**管理，不在理论，在于借鉴、实践和自我升华。**

谢谢你花时间阅读这本书！
祝你顺利！

# 推荐阅读

以下是本书写作过程中所参考的书目清单，如果你有充足的时间和深入了解的愿望，也推荐你阅读哦。

1. 管理的实践，【美】彼得·德鲁克，机械工业出版社，2022 年。

2. 卓有成效的管理者，【美】彼得·德鲁克，机械工业出版社，2022 年。

3. 明茨伯格论管理，【加】亨利·明茨伯格，机械工业出版社，2020 年。

4. 企业的人性面，【美】道格拉斯·麦格雷戈，浙江人民出版社，2017 年。

5. 培养下属的艺术：如何把庸才、懒才变成人才，【日】石田淳，机械工业出版社，2017 年。

6. 新员工入职第一课，章哲，中信出版社，2020 年。

7. 领导力 21 法则：追随这些法则，人们就会追随你，【美】约翰·C.麦克斯维尔，文汇出版社，2017 年。

8. 领导力必修课：动员团队解决难题，刘澜，北京联合出版公司，2019 年。

9. 管理学基础（第 3 版），季辉、王冰、李曲，人民邮电出版社，2019 年。

10. 管理：使命、责任、实践（实践篇），【美】彼得·德鲁克，机械工业出版社，2022 年。

11. 福格行为模型，【美】B.J. 福格，天津科学技术出版社，2021 年。

# 致　　谢

在这本书的最后，我要向所有帮助我完成这本书的人表达我深深的感激之情。首先，感谢我的家人和朋友们，是你们一直以来对我的支持和鼓励让我坚定不移地前行。感谢我的编辑和插画师，你们对每一个细节的认真关注和用心创作，让这本书变得更加完美和精彩。感谢我的出版社和销售团队，你们的专业和努力让这本书能够被更多的读者所认识和喜爱。

同时，我也要感谢所有为本书提供故事和经验分享的人们，是你们的真诚分享让这本书变得更加丰富和生动。感谢我的导师和同事们，你们的支持和建议对我完成这本书起到了至关重要的作用。

最后，我要衷心感谢每一位读者，是你们的支持和认可让我感到无比欣慰。希望这本书能够带给你一些启示和帮助，让你在管理的职业道路上更加成功和自信。如果您有任何反馈和建议，都可以与我交流，我的邮箱是：jendith@163.com。

谢谢大家！

# 后　　记

亲爱的读者，很高兴你能读完这本书！希望这个故事能够给你带来一些启发和思考。

在还没有充分适应的管理新手期，难免会遇到各种奇奇怪怪的问题，不要慌，也不要回避，先得做好接受挑战的心理准备。记住，不要害怕失败和犯错，只有通过不断摸索和实践，总结出适合自己的方法，才能够变得更加自信和成功。

我非常喜欢《孙子兵法》。孙子曰："将者，智、信、仁、勇、严也。"这是成功领导者需要具备的五大素质，在管理者修炼的道路上同样适用。所有踩过的坑，解决过的问题，都是宝贵的财富，是提升我们管理智慧的源泉。

管理大师德鲁克曾经说过："管理的本质在于协同合作。"不要被其他炫酷的技巧所迷惑，也不用太过沉迷于工具。在科技进步的新时代，我们更重要的是保持创新思考能力，驾驭人工智能，与科技共同进步。我们一起加油！

每一个困难都是一个机会，每一次挑战都是一次成长。我们共勉进步！